KB146332

기획 | 유수현
1974년 아름다운 항구 도시 부산에서 태어났습니다. 오랫동안 출판사에서 어린이책을 기획하고 만들고 있습니다. 〈책이 된 어느 날〉로 제5회 웅진주니어문학상 단편부문 우수상을 수상했고, 지금까지 쓴 책으로 《내 이름은 모험을 끝내는 법》(공저), 《탈것박물관》, 《구름 유치원의 보물을 찾아라》 등이 있으며, 《위험이 보인다! 부릅뜨고 꼼꼼 안전》, 《길이 보인다! 부릅뜨고 똑똑 표지판》을 기획했습니다.

글 | 이미현
대학에서 간호학을 공부했고, 글쓰기를 아주 좋아해서 작가가 되었습니다. 2009년 푸른문학상과 2012년 MBC 창작동화대상을 수상했으며, 쓴 책으로는 《날 좀 내버려 둬》(공저), 《현우는 바바, 바바는 현우》(공저), 《나는 임금님이야》, 《위험이 보인다! 부릅뜨고 꼼꼼 안전》, 《길이 보인다! 부릅뜨고 똑똑 표지판》 등이 있습니다.

그림 | 문구선
대학교에서 시각디자인을 전공하고, 대한민국 출판미술대전에서 특별상과 특선을 받는 등 다수의 상을 받았습니다. 어른도 함께 공감하는 그림을 그리려고 노력하고 있으며, 오래 두고 다시 꺼내 보아도 감동을 줄 수 있는 그림책을 만드는 것이 꿈입니다. 그린 책으로는 《우리 엄마가 좋은 10가지 이유》, 《할머니의 레시피》, 《동생이 싫어》, 《비행기 조종사》, 《우리 아빠 알렉산더 리》, 《사라진 문》, 《서울 구경》, 《길이 보인다! 부릅뜨고 똑똑 표지판》 등이 있습니다.

그림 | 이효실
중앙대학교에서 한국화를 전공하고, 영국 킹스턴대학교에서 일러스트레이션을 공부했습니다. 지금은 일러스트레이터로 활동하며 다양한 그림을 그리고 있습니다. 아이들의 순수한 마음이 고스란히 묻어나는 그림을 그리고 싶어 합니다. 그린 책으로는 《쉿! 갯벌의 비밀을 들려줄게》, 《1학년 전래동화》, 《난 꿈이 없는걸》, 《위험이 보인다! 부릅뜨고 꼼꼼 안전》, 《길이 보인다! 부릅뜨고 똑똑 표지판》 등이 있습니다.

초판 1쇄 발행 | 2015년 8월 10일
초판 4쇄 발행 | 2025년 1월 10일

기획 | 유수현
글쓴이 | 이미현
그린이 | 문구선, 이효실

펴낸이 | 김길현
진행 | 최병석, 조경미, 박은경, 권정숙
공급관리 | 오민석, 정복순, 김봉식
웹 매니지먼트 | 안재명, 양대모, 김경희
오프 마케팅 | 우병춘, 이대권
회계관리 | 김경아

펴낸곳 | 주니어골든벨
등록 | 제3-132호(87.12.11)
주소 | 서울시 용산구 원효로 245(원효로 1가 53-1)
전화 | 02-713-4135 **팩스 |** 02-718-5510
홈페이지 | www.gbbook.co.kr

ⓒ 유수현, 이미현

ISBN 979-11-5806-595-9

＊ **주니어골든벨** 은 (주)골든벨의 어린이 도서 브랜드입니다.

길이 보인다!
부릅뜨고 쓱쓱 표지판

기획 | 유수현　글 | 이미현　그림 | 문구선 · 이효실

주니어골든벨

우리나라 어린이 교통사고 사망률이 세계 1위라는 사실을
알고 있나요?

교통사고는 사람들이 안전에 조금만 주의를 기울이면
충분히 예방할 수 있어요. 그래서 순간의 방심으로 벌어지는
교통사고를 보면 참으로 안타깝지요. 특히 교통사고로 소중한
생명을 잃을 수도 있다는 사실을 생각하면 더더욱 그렇답니다.

교통사고뿐만 아니라 길에서 일어나는 예측할 수 없는
사고로부터 나를 지키는 가장 기본적인 안전교육은
'안전 표지판'에서부터 시작돼요.

표지판은 사람들 사이의 약속으로, 위험을 경고하거나
정확한 길 찾기 등의 정보를 알려 주지요.

우리 주변에는 다양한 표지판과 표지들이 있는데,
어떤 표지들이 있고 그 표지들은 각각 어떤 뜻을
지니고 있는지 알아볼까요?

이 책은 어린이들이 생활 속에서 만나는 여러 가지 표지를
쉽게 이해할 수 있도록 17개의 동화에 담아냈어요. 길거리,

건물, 공사장, 공연장, 관광지, 탈것 등 주변에서 흔히 볼 수
있는 다양한 표지들을 재미있는 이야기와 함께 알기 쉬운 설명과
그림으로 보여 주지요. 또 도로 표지, 교통안전표지, 항로 표지,
픽토그램 등 어린이가 알아야 할 모든 표지에 대한 흥미로운
이야기가 다채롭게 담겨 있답니다.

　언어, 문화, 관습이나 생활방식이 다른 사람들도 표지판
그림만 보고도 쉽고 간단하게 어떤 뜻인지 알 수 있지요.

　세상은 아는 만큼 보인답니다. 표지판을 알면 위험으로부터
자신을 보호하고, 낯선 곳이나 언어가 다른 곳에서도 두려움
없이 여행할 수 있어요.

　이 책을 읽고 나면 여러분은 그동안 무심히 지나쳤던 거리의
수많은 표지판이 눈에 들어올 거예요. 이제부터 표지판을
잘 눈여겨보고, 표지판들이 알려 주는 것을 꼭 기억해 두세요.
조심하거나 하지 말아야 할 행동, 위험을 알려 주는 경고,
꼭 알아야 할 정보들이 모두 표지판에 오롯이 담겨 있으니까요.

글쓴이 이미현

차례

안내 표지

1 길거리에서 볼 수 있는 표지판
두더지 마을의 표지판 세우기 6 　💡 안내 표지가 뭐예요? 13

2 건물에서 볼 수 있는 표지판
엘리베이터에 갇혔어요! 14 　💡 비상구, 비상계단의 위치를 꼭 확인해요 21

3 공사장에서 볼 수 있는 표지판
도와줘요, 안전맨! 22 　💡 개구부 위로 올라가면 절대 안 돼요! 29

4 공연장에서 볼 수 있는 표지판
스타가 될 거야 30 　💡 입구와 출구를 구분해요! 39

5 관광지에서 볼 수 있는 금지·주의·안내 표지판
나도 데려가! 40 　💡 쓰레기는 반드시 쓰레기통에! 47

6 탈것에서 볼 수 있는 표지판
개구쟁이 꼬마 마법사, 훌리훌리 48 　💡 담배를 피우면 안 돼요! 59

도로 표지

7 고속도로에서 볼 수 있는 표지판 ①
쌩쌩 고속도로를 신나게 달려라! 60 　💡 홀수·짝수 도로 번호의 의미 67

8 고속도로에서 볼 수 있는 표지판 ②
꼬마 택시 씽씽이의 고단한 하루 68 　💡 어두운 곳에서도 잘 보여요 75

교통안전표지

9 다양한 규제 표지판
아롱이와 다롱이의 표지판 구하기 76　　💡 색깔로 분류하는 교통안전 표지판 87

10 다양한 주의 표지판
고라니를 부탁해 88　/　💡 도로에 야생 동물이 뛰어다녀요 95

11 다양한 지시 표지판
오리 가족의 이사 96　　💡 비보호좌회전이 뭐예요? 103

12 다양한 노면 표지
돼지 아줌마, 운전면허를 따다 104　　💡 만약 노면 표지가 없다면…… 111

13 다양한 보조 표지판
어떤 표지판의 고민 112　　💡 어린이보호구역을 꼭 지켜 주세요! 119

그 밖의 표지

14 도로명 주소 표지
우리 집 주소가 궁금해요 120　　💡 도로명 주소에 대해 알고 싶어요! 124

15 다양한 항로 표지
바다에도 표지가 있어요! 126　　💡 항로 표지의 종류 130
💡 최초의 등대, 파로스 131

16 세계의 별난 표지판과 미래의 표지판
세계의 별난 표지판들 132　　💡 세계의 다양한 표지판 137

17 그림으로 표시하는 다양한 픽토그램
픽토그램을 만드는 눈코뜰새없는 고모 138　　💡 픽토그램이 뭐예요? 145

두더지 마을의 표지판 세우기

공 고

다음과 같이 알립니다.
우리 두더지 마을이 어떻게
하면 질서 있는 평화로운
마을이 될 수 있을지 좋은
의견을 주신 시민께 상을
드리겠습니다.

두더지 마을 시장

오늘도 땅속 두더지 마을은

시끌시끌 정신이 하나도 없어요.

"거기 좀 비켜요!"

"내가 먼저 건너고 있잖아요."

두더지 마을 시장님은

혼잡한 두더지 마을 때문에

깊은 고민에 휩싸였지요.

"어떻게 하면 우리 두더지 마을이

질서 있고 평화로운 마을이 될 수 있을까?"

시장님이 좋은 의견을 낸 시민에게 상을 주겠다며 공고문까지

붙였지만 안타깝게도 별 뾰족한 방법은 나타나지 않았어요.

시장님은 몇 날 며칠을 잠도 제대로 못 잔 채, 머리를 싸매고 고민했지요. 그 모습을 지켜본 어린 아들 두더지가 말했어요.

"아빠, 인간 마을처럼 표지판을 만들면 어떨까요? 사람들은 거리마다 표지판을 세워서 편리하게 이용하던데요?"

"그래? 넌 그걸 어떻게 알았니?"

말썽꾸러기 아들 두더지는 어른들 몰래 인간 마을에 놀러 다닌 것을 들켰지만 다행히 시장님은 혼내지 않았지요.

시장님은 몇몇 어른들을 둘러보며 말했어요.

"사람들이 어떻게 질서를 지키는지 어디 한 번 가 봅시다!"

인간 마을로 통하는 길을 잘 알고 있는 아들 두더지가 앞장서서 시장님과 어른 두더지들을 인간 마을로 안내했어요.

"우아, 세상에!"

시장님과 어른 두더지들은 눈앞에 펼쳐진 인간 마을의 모습을 보고 입이 쩍 벌어졌어요.

인간 마을은 두더지 마을보다 몇 배는 더 복잡해 보였어요. 건물도 많고, 자동차도 많이 지나다니는 것을 보니, 두더지 마을보다 훨씬 더 위험할 것 같았지요.

"이렇게 복잡한 곳에서 어떻게 아무 일 없이 살아가지?"

"저길 보세요, 아빠."

아들 두더지가 가리킨 것은 병원과 약국이었어요.

"십자 표지는 병원과 약국을 나타내요."

"아하! 그럼 아픈 사람들이 저 표지만 보고도 쉽게 병원과

약국을 찾을 수 있겠구나. 그럼 저건 뭐지?"

"그건 우체국이에요. 편지나 택배를 배달하는 곳이지요."

"마치 흥부에게 박씨를 물어다 주는

제비처럼 생겼네! 박씨를 배달하듯이

편지나 택배를 배달하는군.

쉽게 기억할 수 있겠어."

경찰서와 소방서의 위치를

나타내는 표지판도 그림만 보고

쉽게 알아챌 수 있었어요.

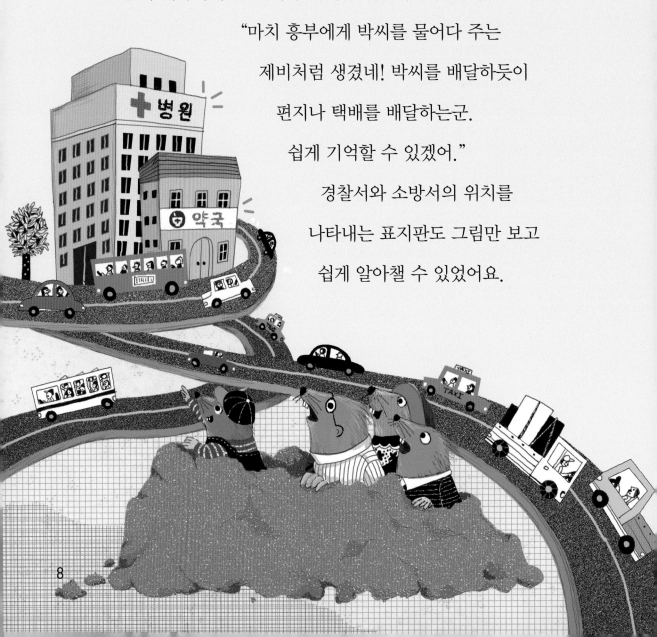

8

경찰서 표지판에는 날렵하고 용맹스러운 경찰에게 어울리는

참수리 그림이, 소방서 표지판에는 신고 번호 119가 큼지막하게

그려져 있었거든요.

"글자를 몰라도 표지 그림만 보면 찾아갈 수 있어요.

저도 처음 인간 마을에 왔을 때 저 표지만 보고 찾아갔거든요."

"그래. 네 말대로 처음 보는 표지도

찬찬히 생각하면 무슨 의미인지 쉽게 알겠어."

시장님과 어른 두더지들 모두 고개를 끄덕였어요.

그런데 갑자기 시장님의 배가 살살 아파 왔어요.

"하필 지금 화장실에 가고 싶다니……. 어떡하지?"

"아빠, 제가 화장실로 안내할게요."

아빠, 화장실은 저쪽이에요!

아들 두더지는 시장님을 화장실로 데려갔어요.

사람 둘이 그려져 있는 표지판을 보며 시장님이 말했지요.

"화장실에도 표지 그림이 있구나! 여간 편리한 게 아니야.
두더지 마을에 돌아가자마자 인간 마을처럼 표지를 세워야겠어."

시장님은 치마 입은 사람 아이콘이 그려져 있는 문을 벌컥 열고
안으로 들어가려고 했어요. 그러자 아기 두더지가 서둘러 말했지요.

"앗, 아빠도 참! 급하다고 아무 문이나 벌컥 열고 들어가면
어떡해요. 그림을 잘 보셔야죠. 치마를 입고 있는 사람 그림은
여자 화장실을 뜻한단 말이에요. 남자 화장실은 이쪽이에요."

"어허, 그래? 흠흠, 시장 체면에 큰 실수를 할 뻔했군."

주유소

아빠, 거긴
여자 화장실이에요!

10

시장님은 머리를 긁적이며 남자 화장실로 들어갔지요.

잠시 뒤, 시장님은 편안한 얼굴로 화장실을 나왔어요.

"킁킁킁킁, 이상하다. 기름 냄새가 나는 것 같은데."

시장님이 코를 벌렁거리며 냄새를 맡자, 기다렸다는 듯이

아들 두더지가 주유소 표지판을 가리켰어요.

"화장실 옆에 주유소가 있거든요."

"그럼 그렇지. 내 코가 이럴 때는 개코라니까."

시장님은 아들 두더지를 향해 눈을 찡긋했지요.

시장님은 인간 마을의 표지판을 실컷 구경한 뒤에 두더지 마을로

돌아왔어요. 그리고 두더지들에게 두더지 마을만의 표지판을

만들도록 지시했지요.

과연 두더지 마을의 표지판은
어떤 모양이었을까요?
궁금한가요? 그렇다면 두더지
마을로 한 번 놀러가 보세요!

약국
십자 모양에 약 사발이
그려져 있어요.

화장실
여자 화장실과
남자 화장실을 나타내요.

버스 정류장
버스를 타고 내리는
곳이에요.

택시 타는 곳
택시를 잡을 수 있는
곳이에요.

지하철
창문에 메트로(Metro)의
앞 글자 M이 써 있어요.

우체국
박씨를 물어다 준
제비가 그려져 있어요.

경찰서
날렵한 경찰을
참수리로 나타냈어요.

소방서
신고 번호 119와 용맹한
매가 그려져 있어요.

주유소
자동차 기름이 떨어졌을
때 찾아가요.

안내 표지가 뭐예요?

▲ 버스 정류장 안내 표지

안내 표지나 표지판은 어떤 사실을 알리기 위해 일정한 표시를 해 두는 판을 말해요.

예를 들어 버스 모양의 간단한 그림을 넣은 판은 '버스 정류장'임을 알리는 안내 표지예요. 또 제비 모양의 간단한 그림을 넣은 판은 '우체국'을 뜻하는 안내 표지이지요.

안내 표지의 종류는 무궁무진한데, 주로 문자, 그림, 도형, 기호 등으로 나타내어 많은 사람이 볼 수 있도록 공개된 장소에 세운답니다.

❶ 다음 중 우체국 표지판은 무엇인가요?

❷ 집 밖에 나왔는데 화장실에 가고 싶다면, 어떤 표지를 따라가야 할까요?

    ②   ③   ④

안내 표지

건물에서 볼 수 있는 표지판

엘리베이터에 갇혔어요!

두두는 여자 친구 나라와 함께 어버이날 부모님께 드릴 선물을 사러 마트에 가는 길이에요. 두두의 동생 앵두도 쫄래쫄래 따라나섰지요.

문방구 앞을 지날 때였어요. 앵두가 두두의 손을 잡아끌었어요.

"엄마 아빠 선물, 문방구에서 사면 안 돼?"

"너 문방구에서 인형 사고 싶어서 그러는 거 내가 모를 줄 알고? 엄마 아빠 선물은 문방구에 없어!"

두두는 단호하게 말하며 앞장섰지요. 앵두는 입을 삐죽 내밀며 그 뒤를 졸졸 따라갔답니다.

드디어 셋은 널찍한 쌤쌤마트 안으로 들어왔어요.

"에스컬레이터를 타고 올라가면서 구경할까?"

이번에도 두두가 앞장섰어요.

"앗, 에스컬레이터에 그림이 그려져 있어!"

앵두가 에스컬레이터 앞에 그려진 여러 가지 표지를
가리키자 표지판에 관심이 많은 두두가 표지판을
사진으로 찍었어요. 그 사이 나라는 앵두에게 표지판에 대해
친절하게 설명해 주었지요.

"나처럼 글자를 몰라도 표지판을 보면 무슨 뜻인지
알 수 있겠네? 우아, 신기하다!"

앵두가 신이 나서 말했어요.
나라는 그런 앵두가 귀여웠지요.

쌤쌤마트에
오신 것을
환영합니다.

셋은 에스컬레이터를 타고 올라가며 한 층, 한 층 구경하다가 마음에 드는 선물을 발견했어요.

두두와 앵두는 머리핀과 양말을, 나라는 화장품과 구두약을 샀지요.

문구 코너에 들러 꽃을 만들 색지와 카드도 샀답니다.

그때였어요. 앵두가 몸을 배배 꼬며 외쳤어요.

"오빠, 나 화장실!"

안절부절못하는 앵두의 모습에 두두와 나라는 황급히 주위를 둘러보았어요. 다행히 화장실을 쉽게 찾았답니다. 이게 다 눈에 확 띄는 화장실 표지판 덕분이었지요.

화장실에 다녀온 앵두가 편안해진 얼굴로 물었어요.

"오빠, 저기는

뭐 하는 곳이야?

뭐 하는 곳이야? 들어가 볼래!"

"저긴 **관계자 외 출입금지**인 곳이야. 들어가면 안 돼!"

두두는 간신히 앵두의 손을 잡아끌었어요.

그 후에도 앵두는 이곳저곳 누비고 다니고, 두두는 그런 앵두를 말리느라 정신이 없었답니다.

그 모습을 보고 나라가 귀엽다는 듯 큭큭 웃었지요.

"히잉, 나 다리 아파."

"나도 네 덕분에 다리 아파!"

다리 아프다는 앵두의 투정에 두두가 눈을 흘기며 말했어요.

"얘들아, 다리도 아프니까 엘리베이터로 내려가자."

나라가 걱정스런 표정을 지으며 주위를 둘러보다가 엘리베이터 표지판을 발견했어요.

"어? 저게 엘리베이터 표지판이야?

저기도 사람이 셋이네?

오빠, 언니, 나처럼!"

앵두가 신기해했어요.

"저건 남자, 여자,

어린이처럼 사람들을

17

상징하는 그림이야."

나라가 앵두의 머리를 쓱쓱 쓰다듬으며 말했지요.

엘리베이터 안에도 다양한 표지 그림이 있었어요.

"이것은 손대지 말라는 뜻이고, 이것은 기대지 말라는 뜻이야."

어쩐 일로 두두가 앵두에게 상냥하게 설명해 주었지요.

"표지판 공부, 참 재밌다. 헤헤."

그런데 이게 웬일일까요? 갑자기 덜컹 소리가 나더니

엘리베이터가 우뚝 멈춰 서고 말았어요.

"엘리베이터가 고장 났나 봐. 무서워."

나라와 앵두가
울상을 지었어요.
"괜찮아. 내가
있잖아. 비상벨을
눌렀으니까, 이제
곧 사람들이 문을
열어 줄 거야."

셋은 바닥에 앉아서
구조를 기다리면서 무서움을 이기려고 끝말잇기를 했어요.

"까마귀.", "귀신?", "꺄악!"

"우유.", "유령?", "꺄악!"

때마침 엘리베이터 문이 스르륵 열렸어요.

"얘들아, 괜찮니? 많이 무서웠지?"

"아, 아니요. 하나도 안 무서웠어요!"

아저씨들의 걱정스런 물음에 두두는 일부러 큰 소리로 말했어요.

"네가 두 공주님을 지켰구나!"

두두는 별거 아니라는 듯이 으쓱했어요. 하지만 아저씨들이
조금만 더 늦게 왔으면 두두도 어땠을지 몰라요. 사실은 꼼짝없이
못 나오는 줄 알고 속으로 엄청 떨었거든요.

비상구
재난 사고가 일어나면
비상구로 탈출해요.

엘리베이터
엘리베이터의 위치를
알려 줘요.

기대지 마시오
넘어질 수 있으니
기대면 안 돼요.

손대지 마시오
문틈에 손이 끼일 수
있으니 손대면 안 돼요.

관계자 외 출입금지
건물 관계자만
드나들 수 있는 곳이에요.

에스컬레이터
에스컬레이터의 위치를
알려 줘요.

유모차 진입금지
유모차는 다닐 수
없는 곳이에요.

뛰지 마시오
뛰어다니면 안 되는
곳이에요.

두 줄 서기
에스컬레이터에서는
두 줄로 서야 해요.

비상구, 비상계단의 위치를 꼭 확인해요

건물 안에 들어섰을 때 가장 먼저 해야 할 일은 비상구와 비상계단이 어디에 있는지 확인하는 거예요. 불이나 지진이 났을 때, 또는 건물이 무너지려고 할 때와 같이 갑작스럽게 재난 사고가 나면 건물 밖으로 재빨리 탈출해야 하는데, 엘리베이터를 타면 자칫 그 안에 갇힐 수도 있거든요. 그래서 재난 사고가 났을 때에는 꼭 비상계단으로 탈출해야 하지요.

비상구 표지에는 캄캄한 곳에서도 잘 보일 수 있도록 초록불이 켜져 있답니다.

▲ 비상구 표지

❶ 건물 안에서 긴급 대피 방송이 나와요. 어느 표지 쪽으로 나가야 할까요?

① ② ③ ④

❷ 다음 중에서 함부로 들어가면 안 되는 곳을 나타내는 표지는 무엇인가요?

① ② ③ ④

도와줘요, 안전맨!

퉁탕퉁탕! 탁탁탁! 통통통!

하마 아저씨, 곰 아저씨, 코뿔소 아저씨 모두
땀을 뻘뻘 흘리며 열심히 일을 하고 있어요.
숲 속 마을에 도서관을 짓고 있거든요.
"도서관이 생기면 우리 꼬마가
제일 좋아하겠군."
하마 아저씨는 꼬마 하마를 생각하며
부지런히 망치질을 했어요.

"저기도 못을 좀
박을……, 으악!"
하마 아저씨는 망치를 들고
걸음을 옮기다가 그만 개구부를 밟고 말았어요.
"도와줘요, 안전맨!"
하마 아저씨의 외침에 '짠!' 하고 안전맨이 나타났어요.
안전맨은 하마 아저씨를 향해 그물을 휙 던졌고,
하마 아저씨는 그물에 걸려 무사히 구출되었답니다.
"하마 아저씨, 개구부 위에 올라가면 절대 안 돼요!
개구부 덮개가 지금처럼 무게를 견뎌내지 못하면
밑으로 떨어져 크게 다칠 수 있다고요."

이
아
악

앗!

위 험!
개구부

안전맨은 개구부 옆에 주의 표지판을 세워 주고는
순식간에 '뿅!' 하고 사라졌어요.

동물 아저씨들이 놀란 마음을 쓸어내리고
다시 도서관 짓기에 집중하고 있을 때였어요.

"우당탕, 우당탕탕!"

우당탕 소리가 들려 위를 올려다본
동물 아저씨들은 깜짝 놀랐어요.

곰 아저씨 머리 위로 돌덩이가 떨어지고 있었거든요.

동물 아저씨들은 한목소리로 외쳤지요.

"도와줘요, 안전맨!"

안전맨은 이번에도 번개처럼 '짠!' 하고

안전 ⊕ 제일
위험!
개구부 주의
CAUTION, HOLE BELOW

휘익

24

나타나더니 그물을 던져 돌덩이를 낚아챘어요.

"곰 아저씨, 위에서 물건이 떨어질지도
모르니 공사장에서는 늘 안전모를 써야죠!"

"미안해요. 깜빡 잊고 안전모를
쓰지 않았네요. 고마워요, 안전맨."

"공사장에서는 잠시도 방심해선 안 돼요."

안전맨은 '낙하주의'과 '안전모 착용'
표지판을 세워 주고는 '뿅!' 하고 사라졌어요.

그런데 이번에는 코뿔소 아저씨가
공사장에 널려 있는 못에 발을 찔렸지 뭐예요.

"도와줘요, 안전맨!"
동물 아저씨들이
한목소리로 외치자
'짠!' 하고 나타난 안전맨이
코뿔소 아저씨를 병원에
데려갔어요.

코뿔소 아저씨는
못에 찔린 발을
깨끗이 소독한 뒤,

파상풍 주사를 맞고 공사장으로 돌아왔지요.

안전맨은 공사장 앞에 '정리정돈' 표지판과

'위험, 공사중'이라는 표지판을 세워 두었어요.

"사람들이 공사장 주변을 지나가다가 다칠 수도 있으니

주의할 수 있도록 표지판을 세워서 알려야 해요."

"앗, 거기까지는 생각을 못 했네요."

동물 아저씨들은 겸연쩍게 웃으며 머리를 긁적였어요.

"아이고, 바쁘다 바빠! 이웃 마을에서도 사고가 났나 봐요.

안전맨을 부르네요! 얼른 달려가야겠어요!"

안전맨은 이 말을 남기고는 또다시 '뿅!' 하고 사라졌지요.

"안전맨이 편히 쉴 수 있도록 우리 모두 안전에 주의합시다!"

몇 달 후,

숲 속에는 멋진

도서관이 지어졌어요.

도서관이 처음 문을 여는 날, 안전맨도 초대를 받았지요.

안전맨은 도서관에 온 김에 책을 한 권 꺼내 들었어요.

어린이를 못살게 구는 악당을 정의의 이름으로 혼내 주는

'정의맨'에 대한 이야기가 담긴 책이었지요.

안전맨은 흥미진진한 이야기에 푹 빠져들어 책에서 손을

뗄 수가 없었어요.

획!

그때였어요. 안전맨의 아빠가 안전맨을 향해 그물을 던졌어요.

"안전맨! 책을 읽는 것도 중요하지만, 안전을 지키는 일을 잊으면

안 되지! 얼른 안전을 지키러 가자꾸나!"

안전맨의 아빠는 안전맨에게 '책조심' 표지를 붙여 주었어요.

숲 속 마을 사람들은 아쉬움을 뒤로한 채 안전맨을

보내 주었답니다.

개구부 주의
개구부는 사람의 무게를
견딜 만큼 강하지 않아요.

안전모 착용
머리를 다치지 않도록
안전 헬멧을 꼭 써요.

낙하주의
돌, 철근 등이 떨어질 수
있으니 주의해요.

정리정돈
날카롭고 위험한 도구를
정리정돈해요.

위험
공사장은 다칠 위험이
큰 장소예요.

전방 400m 앞 공사중
400미터 앞에서 공사를
하고 있어요.

공사장 시점
공사가 시작되는
지점이에요.

공사장 종점
공사가 끝나는
지점이에요.

서행
공사장을 지날 때에는
천천히 살피며 지나가요.

개구부 위로 올라가면 절대 안 돼요!

▲ 개구부

개구부는 건물의 채광, 통풍, 환기, 출입을 위해 만든 창이나 출입구예요. 개구부에 자칫 발을 디뎠다가 추락할 수도 있으니, 꼭 개구부 위에 덮개를 설치하고 주의 표지를 세워 두어야 하지요.

보통 개구부 덮개는 사람의 무게를 견딜 수 있을 만큼 강하지 않아요. 그러니까 개구부 위에 올라가서 놀면 절대 안 돼요. 개구부 아래로 떨어져서 크게 다칠 수도 있답니다.

❶ 공사장이 시작된다는 뜻의 표지는 무엇인가요?

① 공사장 시점   ② 공사장 종점   ③ 전방400m앞공사중   ④ 천천히 SLOW

❷ 다음 중에서 공사장과 관계없는 표지는 무엇인가요?

① 정리정돈   ② 위험 DANGER   ③   ④ 낙하주의

스타가 될 거야

오늘은 '반짝이 마우스'의 콘서트가 열리는 날이야!

반짝이 마우스의 왕팬인 생쥐 삼총사 풍이, 뚱이, 얌이는 설레는 마음을 가득 안고 공연장으로 향했어.

"잠깐!"

그런데 뚱이가 가다 말고 갑자기 눈앞에 보이는 가게로 '쌩' 하니 달려가지 뭐야.

그럼 그렇지! 먹보 뚱이에게 먹을 게 빠지면 안 되지.

뚱이는 가게에서 가방 한 가득 먹을거리를 사 왔어.

"우아!"

공연장에 들어선 생쥐 삼총사는 눈이 휘둥그레졌어.

이렇게 크고 넓은 공연장은 처음이었거든.

"역시 반짝이 마우스야!"

생쥐 삼총사는 서로를 보며 방긋 웃었어.

"앗, 그러고 보니 안내장을 안 가져왔다! 몇 시에 어디에서

하는지 어떻게 알지?"

풍이가 난감한 표정을 지으며 가방을 뒤적뒤적했어.

"안내데스크에 가서 물어보자. 저기 안내데스크 표지판이 있네!"

얌이가 앞장서며 말했어.

3층 공연장에서
한 시간 뒤에 시작해요.
지금은 연극 공연 중이에요.

"역시 얌이는 똑똑해."

안내데스크 직원이 공연 장소와 시간을 친절하게 알려 주었어.

"우리 기다리는 동안 연극도 볼까?"

"좋아. 앗, 엘리베이터다! 우리 엘리베이터 타고 가자."

뚱이가 엘리베이터를 가리키자 풍이와 얌이가 말렸어.

"엘리베이터 옆에 장애인 전용 표지가 있잖아. 몸이 불편하신

분들이 이용하는 엘리베이터니까 우리는 계단으로 올라가자."

생쥐 삼총사가 사이좋게 계단을 올라가는데,

어디선가 매캐한 담배 연기가 났어.

한 아저씨가 계단에서
담배를 뻐끔뻐끔 피우고
있었던 거야.

"콜록콜록!"

생쥐 삼총사는
매운 연기 때문에
기침이 멈추지 않았단다.

때마침 경비원 아저씨가
달려와 아저씨에게 주의를 주었어.

"여기 금연 표지판 안 보이세요?
건물 안에서 담배를 피우는 것은 금지되어 있습니다."

"아, 예. 죄송합니다. 얘들아, 미안해."

아저씨는 얼른 담배를 끄며 사과했어.

생쥐 삼총사는 건물 안에서 담배를 피우면 안 된다는
사실을 알게 되었지.

3층 공연장으로 들어간 생쥐 삼총사는 맨 뒷자리에
나란히 앉았어.

"아, 3층까지 계단으로 올라왔더니 배가 고프네."

역시 먹보 뚱이 아니랄까 봐, 배가 고픈 뚱이는 가방에서

음식을 꺼내서

냠냠쩝쩝 먹기 시작했어.

"여기서 음식을 먹으면 안 되는 거 몰라요?

저기 표지를 좀 보세요!"

맨 앞자리에 앉은 생쥐가 눈살을 찌푸리며 말했어.

"앗, 죄송합니다."

뒤를 돌아보니 정말로 음식물 반입금지 표지판이

붙어 있지 뭐야. 뚱이는 얼른 음식을 가방 속에 넣었어.

"하하하, 저 사람 얼굴 봐! 완전 웃기지 않냐?"

이번에는 풍이가 큰 소리로 떠들었어.

"여기서는 큰 소리로 떠들면 안 돼요. 저기 표지 좀 보세요!"

옆에 있던 생쥐가 말리자, 풍이는 입을 꾹 다물었어.

그런데 이번에는 얌이가 '찰칵' 하고 사진을 찍지 뭐야.

"앗, 마음에 드는 장면은 사진을 찍어야 해."

"뒤를 좀 보세요. 사진촬영금지 표지 안 보여요?"

그러자 또다시 맨 앞에 앉은 생쥐가 주의를 주었지.

풍이, 뚱이, 얌이 생쥐 삼총사는 부끄러워서 얼굴을 들지 못했어.

쥐구멍이 있다면 들어가서 꽁꽁 숨어 버리고 싶은 기분이었지.

"공연장에도 지켜야 할 규칙이 있구나.

표지판만 자세히 봤어도 창피를 당하는 일은 없었을 텐데."

생쥐 삼총사는 한동안 시무룩해 있었지만,

연극이 끝나고 '반짝이 마우스'의 공연이 시작된다는

안내 방송이 나오자, 언제 그랬냐는 듯 기분이 좋아졌어.

화려한 조명이 켜지고, 드디어 반짝이 마우스가 나와

신나게 춤을 추고 노래를 불렀어. 정말 환상적인 무대였지.

생쥐 삼총사는 공연을 보며 신나게 박수를 쳤어.

공연이 끝나자 풍이가 들뜬 얼굴로 친구들에게 말했어.

"결심했어. 난 나중에 커서 반짝이 마우스처럼 정말정말
유명한 스타가 될 거야."

"너도 그렇게 생각했어? 나도 나도!"

얌이도 신나는 표정을 지으며 맞장구쳤어.

"유명한 스타가 되면 맛있는 음식 많이 먹을 수 있어?"

역시 먹보 아니랄까 봐, 뚱이가 물었어.

"돈을 많이 벌 테니까 먹고 싶은 건 다 사 먹을 수 있겠지."

"그럼 나도 스타가 될래."

"뚱이야, 스타는 노래와 춤을 잘해야만 될 수 있어."

그러자 뚱이가 발끈했어.

"나도 춤 잘 춰. 볼래?"

뚱이는 뚱뚱한 몸을 이리저리 흔들며 춤을 췄어.
풍이와 얌이는 그 모습이 우스워서 깔깔 웃어 댔어.

"좋아. 춤과 노래는 지금부터 연습하면 되지 뭐.
그럼 우리의 그룹 이름은 뭐라고 지을까?"

"반짝이 삼총사 어때?"

뚱이가 반짝이 마우스의
춤을 따라 하며 물었어.

"딱 좋다!"

반짝이 삼총사는 유명한
스타가 되기로 마음먹었어.
그리고 다음부터 공연장에
올 때는 표지판을 잘 익혀 두고,
예절도 잘 지키기로 약속했지.

반짝이 삼총사 어때?

안내데스크
필요한 정보를 알려 주는
곳이에요.

장애인 전용
장애인만 이용할 수
있어요.

금연
이곳에서 담배를
피우면 안 돼요.

음식물 반입금지
음식물을 가져와서
먹으면 안 돼요.

정숙
이곳에서 큰 소리로
떠들면 안 돼요.

사진촬영금지
이곳에서는 사진을
찍으면 안 돼요.

계단
비상시에는 계단으로
대피하세요.

입구
화살표를 따라가면
안으로 들어갈 수 있어요.

출구
화살표를 따라가면
밖으로 나갈 수 있어요.

입구와 출구를 구분해요!

▲입구 표지

연극, 콘서트 등을 볼 수 있는 공연장은 대부분 들어가는 문과 나오는 문이 따로 있어요.

영화 상영관도 대부분 그렇지요. 그래서 들어갈 때는 입구, 나올 때는 출구 표지를 잘 따라가야 한답니다.

표지판 퀴즈

❶ 공연장에서 안내데스크를 찾아가려면 어떤 표지를 따라가야 할까요?

① 　② 　③ 　④ ![음식물금지]

❷ 표지를 보고, 알맞은 뜻을 찾아 줄로 이으세요.

 •

- ① 음식물을 가지고 들어오면 안 돼요.
- ② 담배를 피우면 안 돼요.
- ③ 사진을 찍으면 안 돼요.
- ④ 시끄럽게 떠들면 안 돼요.

정답 ❶ ③ ❷ ③

39

나도 데려가!

"부웅~."

커다란 트럭이 들어서자 표지판들이 **빨간색 표지판**,

노란색 표지판, **초록색 표지판** 등 색깔별로 모여 앉았어요.

"관광지에 놓을 표지판이 필요한데, 어떤 표지판을 가져갈까?"

트럭에서 내린 아저씨가 옹기종기 모여 앉은 표지판들을

쓰윽 둘러보더니 말했어요.

그러자 빨간색 표지판들이 말했어요.

"아저씨, 우리는 금지 표지판이에요.

관광지 안에서 금지해야

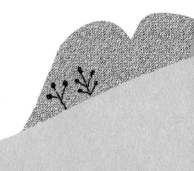

할 것들이 있으면
우리 중에서 고르세요."

아저씨는 빨간색 표지판들
사이를 돌아다니며 신중하게
표지판을 고르기 시작했어요.

"금연, 애완동물 출입금지
표지판은 당연히 필요해. 또
불이 나면 안 되니까
화기엄금 표지판도 필요하지."

금지 표지   주의 표지   안내 표지

금연,

애완동물 출입금지,

화기엄금 표지판이

차례차례 트럭에

올라탔어요.

　이번에는 노란색 표지판들이 말했어요.

　"아저씨, 관광지 안에서 주의해야 할 것들이 있으면

우리 중에서 고르세요. 미끄럽거나 위험한 곳은 없나요?"

　"있지! 추락주의, 미끄러짐주의, 계단주의! 너희도 타거라."

　추락주의, 미끄러짐주의, 계단주의 표지판이 기쁜 표정으로

트럭에 올라탔어요.

　그러자 초록색 표지판들이 말했어요.

쭈뼛

쭈뼛

저도 데려가
주세요!

"아저씨, 우리는 정보나 장소 등을 안내하는 표지판이에요.
관광지에서는 안내할 곳이 많잖아요!"

아저씨는 고개를 끄덕이며 표지판들을 둘러보았어요.

"아저씨, 저는 화장실의 위치를 알려 주는 표지판이에요.
관광지에서는 제가 꼭 필요할걸요?"

화장실 표지판이 의기양양하게 말했어요.

"그래, 화장실은 꼭 있어야겠지."

아저씨가 화장실 표지판을 번쩍 들어 차에 태웠어요.

"저는 안내소 표지판이에요. 제가 없으면 관광객들이
궁금한 점이 있어도 안내소를 못 찾을 거예요!"

"관광지라면 식당도 있겠죠?
식당을 알려 주는 저도 빠질 수 없어요!"

"목이 마른 사람들이 음수대를 찾으려면 저도 필요해요."

"손 씻는 곳을 알려 주는 나도 갈래요."

"전화기의 위치를 알려 주는 저는요?"

아저씨가 웃으며 말했어요.

"그래, 너희도 물론 다 필요하지."

아저씨는 음수대, 세면대, 전화기 표지판들도 차례로 태웠어요.

"이제 관광지에 필요한 표지판들은 모두 태웠나?"

"저요! 제가 빠졌어요."

"아, 쓰레기통 표지판이구나. 네가 빠지면 관광지가

쓰레기장으로 변할게다. 하하."

그때 표지판 하나가 부끄러운지 쭈뼛쭈뼛 대며 말했어요.

"저도 함께 가면 안 되나요?"

"너는 무슨 표지판인데?"

"저, 저는… 재활용 쓰레기통 표지판이에요. 재활용 쓰레기는

따로 분리해서 버려야 하거든요."

유령출입금지

나도 데려가요!

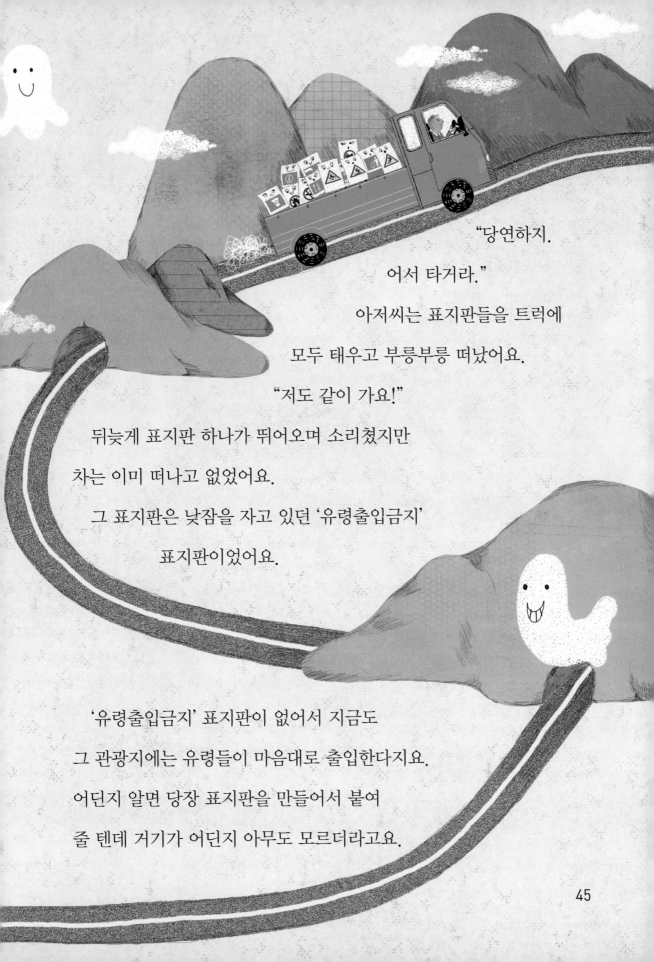

"당연하지.

어서 타거라."

아저씨는 표지판들을 트럭에

모두 태우고 부릉부릉 떠났어요.

"저도 같이 가요!"

뒤늦게 표지판 하나가 뛰어오며 소리쳤지만

차는 이미 떠나고 없었어요.

그 표지판은 낮잠을 자고 있던 '유령출입금지'

표지판이었어요.

'유령출입금지' 표지판이 없어서 지금도

그 관광지에는 유령들이 마음대로 출입한다지요.

어딘지 알면 당장 표지판을 만들어서 붙여

줄 텐데 거기가 어딘지 아무도 모르더라고요.

음수대
물을 마실 수 있는
곳이에요.

세면대
손을 씻을 수 있는
곳이에요.

쓰레기통
쓰레기는 쓰레기통에
버려야 해요.

재활용 쓰레기통
종이, 캔, 페트병 등을
구분하여 버려요.

식당
숟가락과 젓가락으로
나타냈어요.

공중전화
공중전화의 위치를
알려 줘요.

미아보호소
부모를 잃어버린 아이를
보호하는 곳이에요.

애완동물 출입금지
애완동물을
데려오면 안 돼요.

야영 금지
이곳에서는 야영을
할 수 없어요.

쓰레기는 반드시 쓰레기통에!

공원이나 관광지에 놀러 갔을 때 쓰레기통을 찾기 귀찮다고 바닥에 쓰레기를 버리는 사람들이 있어요.

쓰레기는 반드시 쓰레기통에 버려야 하며, 자신이 가져간 쓰레기는 스스로 치워야 해요.

쓰레기는 일반쓰레기와 재활용 쓰레기로 나뉘는데 종이, 캔, 병, 플라스틱과 같은 재활용 쓰레기는 재활용 쓰레기통에, 나머지 일반 쓰레기는 일반 쓰레기통에 버려야 하지요.

▲ 분리수거 쓰레기통

표지판 퀴즈

❶ 음식을 먹으려고 식당을 찾아가려면 어떤 표지를 따라가야 할까요?

① 　② 　③ 　④

❷ 음료수를 마신 뒤, 빈 페트병은 어떤 표지가 있는 곳에 버려야 할까요?

① 　② 　③ 　④

정답 ❶ ③ ❷ ④

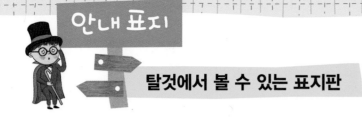

개구쟁이 꼬마 마법사, 훌리룰리

개구쟁이 꼬마 마법사 훌리룰리는 그림 그리는 걸 아주 좋아했어. 아빠는 생일 선물로 훌리룰리에게 생각한 대로 그림을 그릴 수 있는 멋진 마법 지팡이를 선물했단다.

"아빠, 이것 좀 보세요!"

훌리룰리는 벽에도 가구에도 이불에도 온통 그림을 그렸어.

"멋지구나, 훌리룰리. 그렇지만 온 집 안에 그림을 그려 대면 어떡하니! 하루 종일 그림을 지우려고 너만 따라다닐 수는 없단다."

아빠는 앞으로 마법 종이에만 그림을 그리라고 했지.

"마법 종이에만 그리는 건 너무 시시해!"

훌리룰리는 심드렁하게 마법 종이에 그림을 그리다가

아빠 몰래 집을 빠져나왔어. 집 안에 그림을 그릴 수 없다면
집 밖으로 나가서 그리고 싶은 대로 마음껏 그릴 생각이었지.

"음, 어디부터 가 볼까? 그래. 지하철부터 타 보자!"

지하철 출발역이라 그런지 훌리룰리가 지하철을 탔을 땐
지하철 안에 아무도 없었어.

"에이, 저게 뭐야. 그림이 하나도 안 예쁘잖아!"

훌리룰리는 지하철 안에 붙어 있는 표지를 보고 코웃음 쳤어.

"마법 지팡이를 쓸 때가 됐군!"

49

홀리룰리는 마법 지팡이를 써서 표지판을 제멋대로 바꾸어

버렸어. 자신이 좋아하는 꽃, 동물들로 가득 채워 넣었지.

　홀리룰리가 바꾼 표지 그림을 보며 흐뭇해하고 있을 때였어.

사람들이 하나둘 지하철 안으로 들어서기 시작했어. 지하철 안은

언제 비어 있었냐는 듯 금세 사람들로 붐볐지.

　"쯧쯧, 노약자석에 젊은 사람들이 앉아 있으면 어떡하나?"

　한 할아버지가 자리에 앉아 있는 사람들을 손가락으로 가리키며

혀를 쯧쯧 찼어.

　"죄송해요. 노약자석인 줄 몰랐어요."

저 표지판을 내 마음대로
바꿔야지.

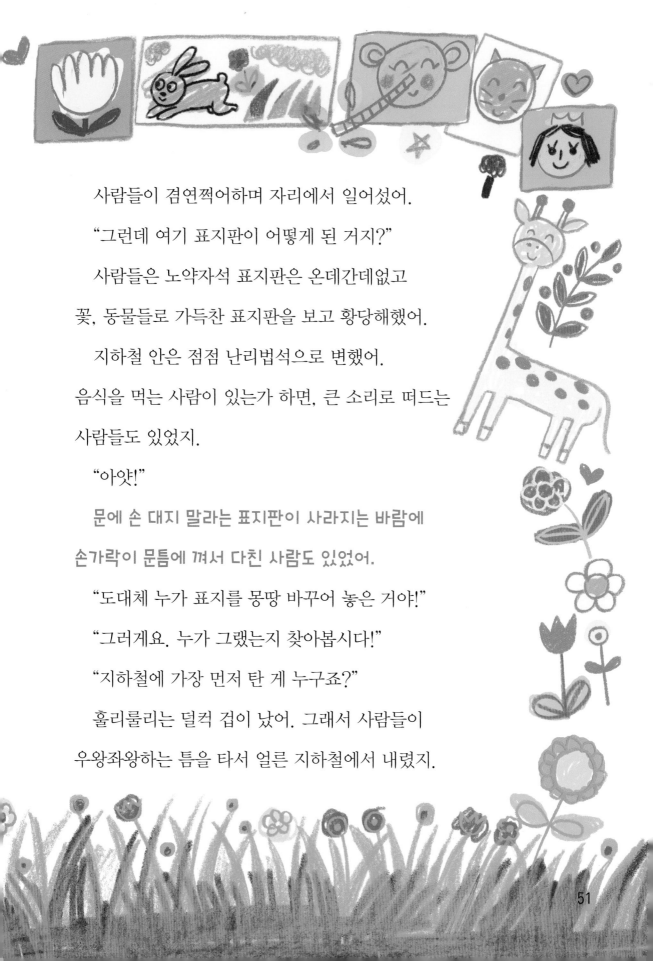

사람들이 겸연쩍어하며 자리에서 일어섰어.

"그런데 여기 표지판이 어떻게 된 거지?"

사람들은 노약자석 표지판은 온데간데없고
꽃, 동물들로 가득찬 표지판을 보고 황당해했어.

지하철 안은 점점 난리법석으로 변했어.
음식을 먹는 사람이 있는가 하면, 큰 소리로 떠드는
사람들도 있었지.

"아얏!"

문에 손 대지 말라는 표지판이 사라지는 바람에
손가락이 문틈에 껴서 다친 사람도 있었어.

"도대체 누가 표지를 몽땅 바꾸어 놓은 거야!"

"그러게요. 누가 그랬는지 찾아봅시다!"

"지하철에 가장 먼저 탄 게 누구죠?"

훌리룰리는 덜컥 겁이 났어. 그래서 사람들이
우왕좌왕하는 틈을 타서 얼른 지하철에서 내렸지.

"그래, 지하철은 너무 시시해. 비행기 정도는 타 봐야지!"

훌리룰리는 비행기 모양의 표지를 따라가 공항까지 갔어.

훌리룰리는 활주로에 줄줄이 서 있는 비행기 중에 가장 큰 비행기에 올라탔지.

"앗, 여기에도 표지가 붙어 있네?"

훌리룰리는 비행기 좌석에 앉아 주위를 둘러보다가 벽에 붙어 있는 '안전벨트 착용' 표지, '휴대전화 사용금지' 표지를 발견했어. 지하철에서 그 난리를 겪고도 신기하게 마법 지팡이를 든 훌리룰리의 손이 근질근질거리기 시작했지.

"아주 살짝만 고쳐 놓지 뭐!"

훌리룰리는 휴대전화 사용금지 표지를 제멋대로 바꾸어 버렸어.

잠시 뒤, 비행기가 곧 이륙할 거라는 방송이 들려왔어.

덜컹덜컹, 비행기는 한참을 활주로를 달리더니 부웅 하고 날아올랐지. 그때였어.

"나 지금 비행기 안이야! 아이고, 날아오르는 게

어찌나 신기한지."

훌리룰리 옆자리에 앉은 할머니가 휴대전화로 누군가와
이야기를 하는 거야.

"비행기가 이륙할 때 휴대전화를 사용하시면 안 돼요."

승무원이 재빨리 달려와 할머니에게 말했어.

"아, 그래요? 비행기는 처음 타 봐서 몰랐지. 미안해요."

할머니는 머리를 긁적이며 전원 버튼을 길게 눌러
휴대전화를 껐어.

"여기 보시면 안전벨트 착용하라는 표지와 휴대전화 사용금지
표지가… 앗, 표지가 어떻게 된 거지?"

알록달록 바뀐 표지를 보고 승무원이 당황스러운 기색을
감추지 못했어.

'이크!'

그 모습을 보고 훌리룰리는 마음속으로 크게 뜨끔했단다.
그래서 슬그머니 화장실로 피했지. 조금 잠잠해지면 자리로
돌아가려고 말이야.

금세 심심해진 훌리룰리는 화장실 문에 그림을 그리기
시작했어. 문에 붙어 있던 금연 표지 위에도 알록달록
훌리룰리의 그림이 덮어졌지.

훌리룰리는 뿌듯해하며 자리로 돌아왔어. 그런데 얼마
지나지 않아 화장실 쪽에서 소란스러운 소리가 들렸어.

훌리룰리는 슬며시 화장실 근처의 빈 좌석으로 가서 슬쩍
엿보았지.

"비행기에서 담배를 피우면 위험하다는 걸 모르세요?
비행기에서 내리는 대로 경찰서에 가서 벌금을 내야 해요!"

"전 몰랐어요! 여기에 금연 표지판도 없잖아요."

"그럴 리가요. 여기 분명… 응? 표지판이 왜 이러지?"

티격태격하는 승무원과 아저씨를 보며, 훌리룰리는 간이
콩알만 해졌어. 금연 표지가 그렇게 중요한지 몰랐는데,

아저씨한테 미안한 마음이 들었지.

'다시는 표지 그림을 바꾸지 말아야지!'

훌리룰리는 황급히 비행기에서 내렸어. 배를 타고 집으로
돌아가기로 했지. 그런데 어쩌면 좋지?

이번에도 배 안에 그려진 그림이 자꾸만 눈에 아른거리지 뭐야.

"마지막으로 딱 한 번만!"

훌리룰리는 마법 지팡이를 써서 구명조끼 표지를 바꾸었어.
그런데 하필 표지판을 바꾸는 모습을 선원 아저씨에게 들키고
말았지 뭐야.

"이 녀석! 장난칠 게 따로 있지. 표지를 바꾸면 어떻게 하니?"

"죄송해요. 더 예쁘게 만들고 싶어서……"

"표지는 사람들 사이의 약속과도 같은데, 네 마음대로 바꾸면
사람들이 표지가 어떤 의미인지 알 수 없잖아!"

훌리룰리는 너무 부끄러운 나머지 고개를 푹 숙였어.

그 모습을 보고, 선원 아저씨가 훌리룰리를 부드럽게 타일렀지.

"표지는 누가 봐도 한눈에 이해하기 쉽도록 만들어져야 해.

그래서 간결하고 단순한 그림으로 표현하는 거고. 물론 너에게는

그런 그림이 안 예쁘고 시시해 보일 수 있겠지만 말이야."

"표지에 그런 깊은 뜻이 담겨 있는지 몰랐어요.

앞으로는 표지에 절대로 그림을 그리지 않을 거예요!"

선원 아저씨는 잘못을 뉘우치는 훌리룰리의 모습을 보고

어깨를 토닥여 주었어.

무사히 집에 돌아온 훌리룰리 앞에 아빠가 투명 마법 스케치북을

쓱 내밀었어.

"훌리룰리야, 그리고 싶은 곳에 이 마법 스케치북을 놓고 그리렴.

이렇게 떼어 내면 아주 감쪽같단다."

"와! 고마워요, 아빠. 최고예요!"

훌리룰리는 창문에, 거울에, 화장실에 투명 마법 스케치북을

붙이고 마음껏 그림을 그리기 시작했단다.

노약자 우대 좌석
노인, 임산부, 몸이 불편한
사람을 위한 자리예요.

소화기
불을 끌 수 있는
소화기가 있어요.

비상전화
비상시에는 직원에게
비상전화로 급히 알려요.

비상탈출용 망치
비상시 창문을 깨고
대피할 때 필요해요.

구호용품보관함
방독면 등 비상시에
사용될 구호 용품이에요.

휴대전화 사용금지
이곳에서 휴대전화를
사용하면 안 돼요.

대피소
긴급 상황이 발생했을 때
대피하는 장소예요.

구명조끼
배에서 탈출할 때 필요한
구명조끼가 있어요.

문이 닫힐 때 뛰어들지 마시오
뛰어들었다가 문에
몸이 끼일 수 있어요.

담배를 피우면 안 돼요!

1960년대 우리나라에서는 비행기 안에서도 담배를 피울 수 있었어요. 하지만 비행기 안에서 담배를 피우면 불이 날 위험이 커서 지금은 비행기 안에서 담배를 피우는 것은 법적으로 금지되어 있답니다.

'나 하나쯤은 괜찮겠지.'라는 이기적인 생각으로 금지된 사항을 지키지 않으면 큰 인명 피해로 이어질 수 있으니 조심해야 해요.

▲ 담배

표지판 퀴즈

❶ 지하철을 탔을 때 노약자 우대 좌석에서 볼 수 있는 표지가 아닌 것은 무엇인가요?

① 　② 　③ 　④

❷ 다음 중 대피소 표지는 무엇인가요?

① 　② 　③ 　④

쌩쌩 고속도로를 신나게 달려라!

오늘은 할머니 댁에 가는 날이에요.

아빠는 아침부터 여러 개의 커다란 지도를 바닥에 쭉 펼쳐놓고

하나하나 꼼꼼히 살펴보고 있었어요.

"아빠, 뭐 봐요?"

"어떤 길로 가야 가장 빠를지 살펴보는 거야."

도로를 설계하는 일을 하는 아빠는

누구보다도 도로에 대해 잘 알았어요.

그래서 내비게이션 없이 지도만

보고 길을 찾는 경우가

많았어요.

나는 아빠 옆에 앉아서 함께 지도를 보았어요.

"우아, 우리나라에 도로가 이렇게나 많아요?"

"그럼. 수많은 도로가 있지!"

"이렇게 복잡한 길을 어떻게 다 알죠?"

"몇 가지 기초만 알면 별로 어렵지 않단다.
자, 여기를 보렴. 굵은 선으로 보이는 이것이 고속도로란다."

아빠는 지도를 보면서 차근차근 설명해 주었어요.

"도로는 그것을 어디서 관리하느냐에 따라 나뉜단다.
나라에서 관리하는 국도와 각 지방에서 관리하는 지방도로
나뉘지. 국도는 자동차만 다니는 고속도로와 일반 국도가 있어.
자동차전용도로인 고속도로에서는 속도를 내서 달릴 수 있지.
도로가 크고 속도도 빠르기 때문에 늘 조심해서 운전해야
하는 곳이야. 앞 차와의 간격을 잘 유지하고, 규정 속도보다
더 빠르게 달리는 것은 위험하단다."

아빠는 고속도로만 따로 그려진 지도를 보여 주었어요.
지도에는 고속도로의 이름과 함께 최고 속도와 최저 속도도
나와 있었어요.

나는 자동차를 탈 때마다 다른 차가 우리 차를 앞지르는 게
싫어서 아빠가 더 빨리 달렸으면 했던 게 생각났어요.

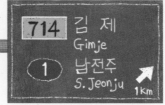

고속도로에서 자동차 사고가 난 걸 본 뒤로

지금은 그러지 않지만요.

아빠는 이번에는 고속도로와 국도가 함께 나온 지도를

보여 주었어요.

"일반 국도는 번호가 붙어 있는데 동서는 짝수 번호,

남북은 홀수 번호란다. 거기에 특별시, 시, 군 등 지방도를 합치면

이렇게 아주 세밀하게 길들이 다 연결되어 있어.

그래서 가고 싶은 곳을 마음대로 갈 수 있지."

나는 고속도로, 국도, 지방도까지 자세하게 그려진 지도를

차례대로 살펴봤어요. 문득 그림책에서 본 우리 몸속 혈관이

생각났어요. 굵은 동맥과 가는 정맥, 그리고 실핏줄인

모세 혈관까지 이어져 우리 몸속의 영양분을

골고루 운반하는 것처럼

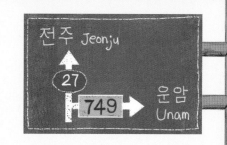

도로들도 그렇게 우리를 원하는 곳으로 데려다주는
역할을 하는 것 같았지요.

"그럼 할머니 댁에 가는 길을 미리 알아볼까?"

아빠는 지도 위의 도로를 빨간 펜으로 그려 나갔어요.

"고속도로가 가장 빠르니까 경부고속도로를 타고 가다가
호남고속도로로 갈아탈 거야. 국도로 빠져서 읍, 면 지방도를
달려서 이렇게 할머니 댁에 도착하는 거지."

지도 위에 우리가 갈 길이 빨간 선으로 그려졌어요.
무척 재미있어 보였지요. 앞으로는 어딜 가든지 지도 위에
내가 간 길을 그려 봐야겠어요.

"세상은 모두 길, 도로로 연결되어 있어."

"그럼 도로만 있으면
세상 어디든지 갈 수 있는 거예요?

미국에 사는 이모한테도요?"

"이모한테는 하늘 길을 따라가야지. 비행기를 타고 가서,

거기서부터 다시 도로 위를 달려서 이모한테 가는 거야."

"아하! 비행기나 배를 타고 바다를 건넌 다음,

도로 위를 달려서 가면 되는구나! 앗, 그럼 아프리카도요?

중국, 호주, 그리스도요?"

내가 신이 나서 묻자 아빠는 웃으며 말씀하셨어요.

"그래. 네가 가고 싶은 곳은 어디든지 갈 수 있단다."

나는 들뜬 마음으로 아빠에게 얘기했어요.

"전 이다음에 커서 자동차 세계 일주를 할래요."

"그거 참 좋은 생각이지!"

　　　　"음, 자동차를 사려면 지금부터 용돈을

64

저축해야겠어요. 그래서 말인데,

용돈 좀 올려 주시면 안 돼요?"

"허허허, 녀석. 그럼 아빠 구두를 닦을 때마다 500원씩 주마.

어떠냐? 네 스스로 돈을 벌면 더 멋진 여행이 될 거 같은데?"

"좋아요, 아빠!"

나는 당장 달려가서 아빠 구두를 반짝반짝 닦아 놓고

500원을 받았어요. 500원이 이렇게 소중하게 느껴진 적이

없었어요. 내가 스스로 번 돈이고, 또 앞으로 자동차 세계 일주의

꿈을 이루어 줄 씨앗 돈이 될 거니까요.

"그럼 반짝반짝 빛나는 구두도 신었겠다, 기분 좋게

할머니 댁으로 출발해 볼까?"

아빠가 환하게 웃으며 말했어요.

"네!"

나는 우렁차게 대답하면서, 할머니 댁에 가는 동안

조금 더 도로에 대해 공부하려고 얼른 지도를 챙겨 넣었어요.

고속도로
파란색 방패 모양에
빨간 왕관 모양이에요.

홀수로 끝나는 고속도로
고속도로가 남북 방향으로
뻗어 있어요.

짝수로 끝나는 고속도로
고속도로가 동서 방향으로
뻗어 있어요.

경부고속도로
고속도로 표지 안에
숫자 1이 쓰여 있어요.

일반 국도
파란색 타원 모양에
흰색 숫자가 쓰여 있어요.

77번 국도
부산과 인천을 잇는 우리
나라의 가장 긴 도로예요.

지방도
노란색 직사각형에
파란색 숫자가 써 있어요.

일반 시도
흰색 팔각형에
파란색 숫자로 표시해요.

자동차전용도로
일반 시도 표지판에
빨간 줄이 그어진 거예요.

홀수·짝수 도로 번호의 의미

▲ 경부고속도로 표지판

도로 번호를 표시할 때는 일정한 원칙에 따라요. 홀수 번호는 남북으로 연결된 도로를 뜻해요. 예를 들어 1번 고속도로(경부고속도로)는 서울과 부산을 남북으로 잇는 도로예요. 짝수 번호는 동서로 연결된 도로를 뜻하지요. 예를 들어 50번 고속도로(영동고속도로)는 인천과 강릉을 동서로 연결하는 도로이지요.

또한 도로는 몇 개의 차선으로 되어 있느냐에 따라 중앙선에서부터 1차선, 2차선, 3차선, 4차선 등으로 나뉜답니다.

표지판 퀴즈

❶ 〔   〕안에 들어갈 알맞은 말은 무엇인가요?

국도에는 〔   〕와 일반 국도가 있어요.

❷ 다음 중에서 맞는 것에 모두 ○하세요.

① 홀수 번호는 동서 방향으로 연결된 도로를 뜻해요. (   )
② 홀수 번호는 남북 방향으로 연결된 도로를 뜻해요. (   )
③ 짝수 번호는 동서 방향으로 연결된 도로를 뜻해요. (   )
④ 짝수 번호는 남북 방향으로 연결된 도로를 뜻해요. (   )

꼬마 택시 씽씽이의
고단한 하루

꼬마 택시 씽씽이는 한밤중에 손님을
태우고 아주 멀리까지 갔어. 얼마나
멀었는지 내비 누나가 입이 아프다고
짜증을 낼 정도였다니까!

손님을 내려주고 돌아오는
길에 씽씽이는 너무 피곤한
나머지 그만 졸고 말았어.

씽씽아!
위험해!

택시

쿵!

68

"씽씽아, 위험해!"

내비 누나가 소리쳤지만 이미 때는 늦었어. 씽씽이는 나무를
쿵 받고 언덕 아래로 굴러떨어져 찌그러지고 말았지.

"우회전하세요. 우회전하세요. 우회전하세요……."

이런, 내비 누나가 고장 났나 봐. 같은 말만 중얼거리지 뭐야.
씽씽이는 어쩔 수 없이 코드를 뽑아 버렸어. 그러자 언제 그랬냐는
듯 아주 조용해졌단다.

"이제 어떡하지?"

주위는 온통 깜깜한 어둠이 에워싸고 있었고, 내비 누나까지
고장 났으니 정말 큰일이었어.

"집에 돌아가야 하는데 큰일 났네."

씽씽이는 어느 길로 왔었는지도 기억나지 않았어.

눈앞에 표지판이 보였지만
씽씽이는 표지판을 읽을 줄
몰랐거든. 그동안 내비 누나가
옆에서 해 주는 말대로만
가다 보니, 표지판을 꼼꼼히
살펴볼 필요가 없었지.

씽씽이는 표지판에 가까이

다가갔어. 그러고는 큰 소리로 인사했지.

"안녕하세요? 저는 꼬마 택시 씽씽이라고 해요. 죄송한데

아저씨는 어떤 표지판인가요? 제가 지금 집을 찾아가야 하는데,

표지판을 볼 줄 모르거든요."

그러자 표지판 아저씨가 눈을 살며시 떠서 말했어.

"막 잠들기 시작했는데, 너 때문에 깼구나. 그런데 어쩌다가

그렇게 다쳤니?"

"졸다가 그랬어요."

"저런, 조심해야지. 어서 집에 돌아가려무나."

표지판 아저씨는 씽씽이가 하는 말을 못 들은 것 같았어.

그래서 씽씽이는 다시 한 번 얘기했지.

"집에 돌아가고 싶지만 길을 잘 몰라요. 내비 누나도 고장 나고,

표지판도 볼 줄 모르거든요."

"그래? 그것 참 안됐구나. 요즘 내비만 믿고 우리를 무시하다가 큰코다치는 차들이 많지."

씽씽이는 괜히 표지판 아저씨에게 미안해졌어.

"죄송해요. 저 때문에 아저씨 잠도 깨우고."

"괜찮다. 이제라도 익혀 두면 되지 뭐. 오늘은 걱정 마라. 내가 친구들을 깨워 널 무사히 집까지 갈 수 있게 도와주마."

"정말이에요? 고맙습니다, 아저씨!"

씽씽이는 비로소 마음이 놓였어.

"나는 경계 표지판이란다. 경계 표지판은 여기가 어디인지를 알려 주지. 여기는 어둠시 그늘읍이야. 네 집은 어디냐?"

"저는 행복시 다행동에 살아요."

"그렇다면 이 길로 쭉 가렴. 직진해서 가다 보면 내 친구 표지판들이 친절하게 길을 알려 줄 거야."

씽씽이는 경계 표지판 아저씨에게 인사를 하고 길을 달렸어. 조금 가다 보니 아저씨 말처럼 표지판이 나타났어.

"네가 씽씽이니? 나는 이정 표지판이야. 목적지까지의 거리를 알려 주지. 네가 가려는 행복시는 여기서 150킬로미터 더 가야 해."

"150킬로미터요? 시간은 얼마나 걸릴까요?"

"글쎄. 네가 어떤 빠르기로 달리느냐에 따라 다르지.

만약 100킬로미터의 속력으로 달린다면 1시간 30분이 걸리겠구나."

"휴, 저는 지금 몸이 아파서 50킬로미터로밖에 달릴 수 없어요.

그럼 3시간이 걸리겠네요. 알려 주셔서 감사합니다, 아저씨."

씽씽이는 인사를 하고 다시 달리기 시작했어. 한참을 가다가

또 표지판을 만났지.

"씽씽아, 나는 방향 표지판이야. 행복시로 가려면 여기서

오른쪽으로 가렴."

씽씽이는 계속해서 표지판들의 안내를 받으면서 갔어.

한참을 가다 보니 표지판이 조금씩 눈에 들어오기 시작했어.

"저건 이정 표지판일 거야. 행복시까지 이제 50킬로미터

남았다는 뜻이겠지?"

"저건 노선 표지판?

행복시로 가는 77번

도로라는 거지?"

씽씽이의 짐작이 맞았어.

씽씽이는 표지판만 잘 알면,

앞으로 세상 어느 곳이든

다닐 수 있을 것 같았어.

세 시간이나 걸려 집에
돌아온 씽씽이는 그대로
뻗어 버렸단다.

다음 날 씽씽이는 자동차
병원에 가서 찌그러진 곳을
치료받았어. 내비 누나도
다시 건강해졌지.

"내비 누나, 앞으로 피곤할 땐 그냥 쉬세요.
표지판을 배워서 혼자서도 잘 다닐 수 있어요."

"어머, 정말? 우리 꼬마 택시 씽씽이, 멋지다!"

내비 누나도 아주 기뻐했단다.

방향 표지
방향 또는 방면을
나타내요.

이정 표지
목적지까지 남은 거리를
나타내요.

경계 표지
행정 구역의 경계가 되는
위치를 나타내요.

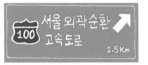

분기점
분기점 출구까지의
거리를 나타내요.

유도 표지
목적지까지 잘 찾아갈
수 있도록 유도해요.

터널
터널의 위치를
알려 주어요.

관광지
관광지를 나타내는
표지판은 갈색이에요.

휴게소
휴게소의 위치를
나타내요.

오르막차로
곧 오르막차로가 나오니
조심하라는 뜻이에요.

어두운 곳에서도 잘 보여요

　칠흑같이 캄캄한 밤에도 신기하게 표지판 글자는 눈에 확 띄지요? 왜 그런 걸까요?

　그것은 일반 페인트가 아닌 특수 페인트로 표지판을 칠한 데다가 야광 및 형광 처리를 했기 때문이에요.

　특수 페인트로 칠하면 아주 오랜 시간이 지나도 녹이 슬지 않고, 야광 및 형광 처리를 하면 캄캄한 밤에 먼 거리에서도 라이트만 비추면 잘 보이지요.

▲ 밤에도 눈에 확 띄는 고속도로 표지판

 표지판 퀴즈

❶ 다음 중 대전까지 121킬로미터, 수원까지 23킬로미터 남아 있다는 뜻의 표지판은 어떤 것인가요?

①
대 전	121 km
Daejeon	
수 원	23 km
Suwon	

②
충청북도
Chungcheongbuk-do
음성군 Eumseong
원남면

❷ 관광지를 나타내는 표지판은 무슨 색일까요?

① 빨간색　　　　　　② 초록색

③ 갈색　　　　　　　④ 파란색

아롱이와 다롱이의 표지판 구하기

말끔이 별에 사는 아롱이와 다롱이는 아빠처럼 멋진 경찰관이
되는 게 꿈이랍니다.

오늘은 직업 체험을 하는 날이라서 아롱이와 다롱이는
경찰서로 출근하는 아빠를 따라나섰지요.

아롱이와 다롱이가 경찰 청장님에게 인사를 하고 있을 때였어요.

"애앵~."

큰일 났습니다!
빨간색 표지판이
사라졌습니다.

요란한 비상 사이렌이 울리더니 경찰 아저씨가

헐레벌떡 뛰어들어 왔어요.

"청장님, 크, 큰일 났습니다! 색깔 별에 사는 표지 대마왕이

빨간색 표지판들을 모두 잡아갔어요."

빨간색 표지판이 사라지자 거리의 질서는 엉망진창이 되었지요.

"빨간색 표지판들은 색깔 별 지하 세계에 봉인되어 있답니다.

나오지도 못하고 꼼짝없이 갇혀 있대요."

"얼른 표지판을 구해 와야 하는데, 무슨 방법이 없겠나?"

경찰 청장님이 심각한 표정으로 묻자, 말끔이 별에서

가장 나이가 많은 경찰 할아버지가 말했어요.

"내가 어렸을 때에도 똑같은 일이 있었어. 그때는 파란색

표지판들이 잡혀갔었지. 갇혀 있는 표지판들을 구하려면,

표지 대마왕을 찾아가 그가 내는 문제를 맞혀야 해.

그건 어린아이들만 할 수 있지. 백 년 전에는 내가 가서 표지판들을

구해 왔는데, 과연 지금도 그렇게 용감한 아이들이 있을까?"

"저희가 갈게요!"

아롱이와 다롱이가 나섰어요.

"너희가 표지판을 구해 오겠다고?

한 문제라도 틀리면 너희까지 색깔 별에 갇히고 말게다."

"괜찮아요. 한번 도전해 볼게요."

경찰 청장님은 흐뭇한 표정으로 아롱이와 다롱이의

머리를 쓰다듬으며 말했어요.

"아이들에게 표지판에 대해 가르쳐 주시오.

한 문제도 틀리지 않도록 꼼꼼히!"

아빠는 아롱이와 다롱이에게 표지판에 대해

자세히 가르쳐 주었어요.

흐음

"교통안전표지판은 색깔로 구별한단다.

규제 표지는 **빨간색**, 주의 표지는 노란색,

지시 표지는 파란색이야.

빨간색은 규제, 즉 하면 안 된다는

뜻인데, 규제 표지에는 이렇게

여러 가지가 있단다."

아빠는 규제 표지들을 모두

보여 주었어요.

"난 외우는 거라면 딱 질색인데!"

아롱이가 고개를 절레절레 저으며 말했어요.

"어렵지 않단다. 외우려고 하지 말고 그림의 생김새를 찬찬히

살펴봐. 그림과 연결하여 생각하면 굳이 달달 외우지 않더라도

자연스럽게 표지판의 뜻을 이해할 수 있어."

아빠는 아롱이에게 자신감을 불어넣어 주었지요.

"아하!"

아롱이와 다롱이는 규제 표지판에 대해

다 배운 다음, 헬리콥터를 타고 색깔 별로 가서

표지 대마왕을 찾아갔어요.

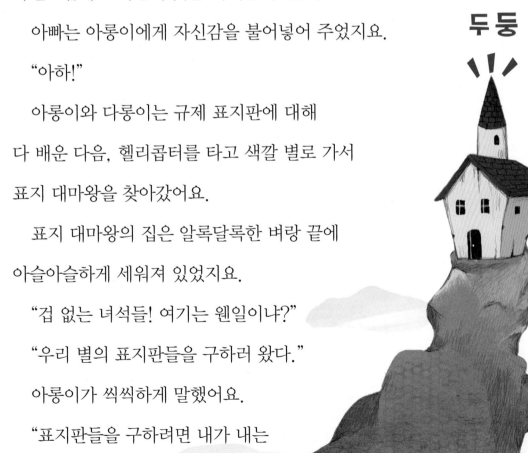

표지 대마왕의 집은 알록달록한 벼랑 끝에

아슬아슬하게 세워져 있었지요.

"겁 없는 녀석들! 여기는 웬일이냐?"

"우리 별의 표지판들을 구하러 왔다."

아롱이가 씩씩하게 말했어요.

"표지판들을 구하려면 내가 내는

문제를 맞혀야 하는데?"

"흥, 어서 문제나 내 보시지?"

다롱이도 지지 않고 말했지요.

"오호라, 맹랑한 꼬마 녀석들이군!"

표지 대마왕은 표지판 카드를 꺼내 마구 섞은 다음, 검은 해골이

떠받치고 있는 탁자 위에 하나씩 펼쳐놓으며 말했어요.

"이 표지판이 뭐냐?"

"그건 일시정지 표지판이야."

"이 표지판이 무엇을 뜻하는지 설명해 봐."

"자동차를 일단 멈추라고 알려 주는 거지."

"흠, 제법인데? 그럼 이 표지판은?"

대마왕은 다음 표지판 카드를 내밀었어요.

이건 뭐게?

"진입금지 표지판이야.

자동차는 들어가면 안 된다는 뜻!"

"그건 자전거통행금지 표지판이지!

자전거는 다닐 수 없다는 뜻이야."

"설마 그것도 모를까 봐?

주정차금지 표지판! 차를 세워 두면 안 된다는 뜻이야."

"그건 보행자횡단금지 표지판이잖아.

사람들에게 건너가면 안 된다고 알려 주는 표지판이지."

아롱이와 다롱이가 문제를 하나씩 맞힐 때마다 지하에 걸려 있던

봉인이 사르륵 풀리면서 표지판들이 하나씩 밖으로

나왔어요.

"이런 몹쓸 꼬마들! 언제 표지판에

대해서 이렇게 다 알게 됐지?"

표지 대마왕은 약이 바짝 올라서

얼굴이 붉으락푸르락했어요.

표지 대마왕은 씩씩거리며

마지막 문제를 냈어요.

표지판을 본 아롱이와 다롱이는

고개를 갸웃거렸어요.

흥,
그럼 이것은?

"분명히 아까 배운 건데."

표지판들은 손짓 발짓을 하며 아롱이와 다롱이에게 힌트를
주었지요.

"가만있자. 걸어가는 모양이니, 걸어가도 된다는 뜻인가?"

표지 대마왕은 음흉하게 웃으며 대답을 재촉했어요.

"흐흐. 그게 답이냐? 얼른 말해라."

"아니지! 잘 생각해 봐. 여기 있는 표지판들은 안 된다는 뜻의
규제 표지판이잖아. 그러니까 걸어 다녀서는 안 된다는 뜻일 거야."

표지판들의 얼굴이 금세 환해졌어요.

"좋아, 대답하지. 이건 사람들에게 걸어 다니면 안 된다고
알려 주는 보행자통행금지 표지판이야!"

"야호!"

모든 표지판들이 펄쩍펄쩍 뛰고 서로를 얼싸안으며 좋아했어요.
하지만 표지 대마왕의 얼굴은 구겨진 종이처럼 잔뜩 일그러졌지요.

"정말 똑똑한 꼬마들이군. 분하지만 약속을 했으니 지킬 수밖에.
하지만 다음번에는 절대 호락호락하지 않을 테니 마음 단단히
먹고 있는 게 좋을 거야!"

표지 대마왕은 마지막 봉인을 풀었고, 보행자통행금지 표지판이
지하에서 나와 친구들의 품에 안겼어요.

아롱이와 다롱이는 표지판들을 헬리콥터에 태우고 무사히 말끔이 별로 돌아왔지요. 말끔이 별 경찰관과 시민들이 모두 거리로 나와 환영해 주었답니다.

"미래의 경찰, 아롱이와 다롱이가 큰일을 해냈구나."

아롱이와 다롱이는 말끔이 별의 으뜸 표창장을 받았어요.

횡단금지
여기에서 길을 건너면
절대 안 돼요.

보행금지
보행자가 걸어 다니거나
지나다닐 수 없어요.

통행금지
사람이나 자동차가
지나가면 안 돼요.

자동차통행금지
자동차가 지나갈 수
없는 곳이에요.

자전거통행금지
자전거가 지나갈 수
없는 곳이에요.

주정차금지
자동차를 잠시라도
세워 두면 안 돼요.

주차금지
자동차를 주차해 두면
안 돼요.

정지
일단 차를
멈추어야 해요.

손수레통행금지
손수레를 끌고
들어가면 안 돼요.

화물차통행금지
화물을 싣는 자동차는
지나다니면 안 돼요.

승합차통행금지
버스나 30명 이상이 타는
승합차는 다닐 수 없어요.

오토바이통행금지
오토바이는
지나다닐 수 없어요.

진입금지
자동차가 들어서면
안 되는 곳이에요.

직진금지
이곳에서 직진하면
절대 안 돼요.

우회전금지
오른쪽으로 자동차를
꺾으면 안 돼요.

좌회전금지
왼쪽으로 자동차를
꺾으면 안 돼요.

유턴금지
이곳에서 자동차를
거꾸로 돌리면 안 돼요.

앞지르기금지
다른 자동차를
앞질러 가면 안 돼요.

최고속도제한
표시된 속도보다 빨리
달리면 안 돼요.

최저속도제한
표시된 속도보다 느리게
달리면 안 돼요.

서행
다른 곳에서보다
천천히 달려야 해요.

양보
자동차가 도로를
양보해야 해요.

위험물적제차량통행금지
폭발 등의 위험한 물건을
싣고 지나갈 수 없어요.

차간거리 확보
자동차 사이의 거리가
50미터 이상 돼야 해요.

차높이제한
높이가 3.5미터가 넘는
자동차는 다니면 안 돼요.

차중량제한
무게가 5.5톤이 넘는
자동차는 다니면 안 돼요.

트랙터 및 경운기 통행금지
트랙터 및 경운기는
지나갈 수 없어요.

색깔로 분류하는 교통안전 표지판

▲ 진입금지 규제 표지판

교통안전 표지판에는 '하지 마세요!'라는 뜻의 규제 표지판, '조심하세요!'라는 뜻의 주의 표지판, '이렇게 하세요!'라는 뜻의 지시 표지판이 있어요.

규제 표지판은 빨간색, 주의 표지판은 노란색, 지시 표지판은 파란색으로 나타내기 때문에 색깔만 보고도 어떤 표지판인지 쉽게 구분할 수 있답니다.

표지판 퀴즈

❶ 다음 중 규제 표지판을 나타내는 색깔은 무엇인가요?

① 노란색　　　② 초록색　　　③ 파란색　　　④ 빨간색

❷ 다음 표지를 잘 보고 알맞은 뜻을 찾아 줄로 이으세요.

①　　　　　　　　　　　　　　　　● ㉠ 들어가면 안 되는 곳이에요.

②　　　　　　　　　　　　　　　　● ㉡ 길을 건너면 안 되는 곳이에요.

③　　　　　　　　　　　　　　　　● ㉢ 차를 세워 두면 안 되는 곳이에요.

④　　　　　　　　　　　　　　　　● ㉣ 자전거를 탈 수 없는 곳이에요.

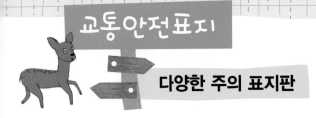
고라니를 부탁해

콧노래를 부르며 자동차를 운전하던 벌렁코 씨는 숲길에 들어서자 창문을 내렸어요. 열린 창문으로 상쾌한 바람이 들어와 기분이 더욱 좋아졌지요.

그때였어요. 아기 고라니가 차에 뛰어들었어요.

"앗!"

벌렁코 씨가 '끽' 하고 급히 브레이크를 밟았지만, 안타깝게도 아기 고라니는 차에 치이고 말았답니다.

벌렁코 씨가 얼른 차에서 내려 쓰러진 아기 고라니를 살펴보니 다리에서 피가 철철 흐르고 있었지요.

"고라니가 차에 치여 다쳤어요. 빨리 와 주세요."

벌렁코 씨가 야생 동물 구조대에 전화를 걸어 도움을 요청하자,
잠시 뒤 삐뽀삐뽀 사이렌을 울리면서 야생 동물 구조대가
도착했어요.

구조 대원 아저씨는 아기 고라니를 응급차에 태우며 말했어요.

"어제도 여기서 두 마리나 죽었어요. 이 길은 야생 동물이
많이 다니는 곳이라서 조심히 운전해야 하는데 잘 지키지 않죠."

벌렁코 씨는 그제야 '야생동물주의' 표지판을 발견했어요.

"내가 조금만 주의했다면, 고라니가 다치지 않았을 텐데."

벌렁코 씨는 몹시 후회하며 고라니를 보았어요.

"제가 같이 따라가도 될까요?"

벌렁코 씨는 아기 고라니가 무사한지 봐야 마음이 놓일 것

같았어요. 그래서 야생 동물 구조 센터까지 응급차를 따라갔어요.

야생 동물 구조 센터에는 고라니를 비롯해서 삵, 너구리, 족제비,

솔부엉이, 황조롱이, 큰고니 등 다양한 동물이 다쳐서 치료를

받고 있었어요. 심하게 다쳐서 수술을 받은 동물도 있었지요.

아기 고라니를 살펴본 수의사가 말했어요.

"치료를 잘 해도 다리를 절뚝거리게 될 거예요. 그나마

이곳에 온 동물들은 행운이지요. 대부분의 동물은 자동차에

치여 목숨을 잃는답니다."

"앞으로는 야생 동물들이 자주 다니는 길인지 표지판을
잘 살펴서 운전해야겠어요."

벌렁코 씨는 야생 동물들에게 너무 미안한 마음이 들었어요.
그래서 앞으로는 표지판을 잘 살피면서 덜렁거리지 않고 조심해서
운전하기로 굳게 다짐했지요.

벌렁코 씨는 표지판 공부도 열심히 했답니다. 그러다 보니
조심하라고 알려 주는 표지판들이 참 많다는 걸 알았지요.

빨간색 테두리에 노란색 바탕의 표지판은 주의 표지판이에요.
공사 중이거나 터널, 돌이 자주 떨어지는 도로, 미끄러운 길에

대해 주의 표지판이

잘 알려 주지요.

덕분에 벌렁코 씨는

주의 표지판이 보일

때마다 더욱 조심히

운전하게 되었어요.

어린이보호구역이나

횡단보도,

자전거 도로에서는

더더욱요.

　여러 날이 지나고 드디어 아기 고라니의 다친 다리가 다
나았어요. 그동안 벌렁코 씨는 구조 센터에 자주 찾아가
아기 고라니와 놀아 주고 봉사도 했지요.

　이제 아기 고라니가 다시 숲으로 돌아갈 날이에요.
벌렁코 씨는 기쁜 마음으로 구조 센터로 달려갔어요.

　그런데 구조 센터의 분위기가 묘했어요. 왠지 모를 슬픈
분위기에 휩싸여 있었지요. 아기 고라니도 겁에 질린 듯
한쪽에서 움직이려 하지 않았고요.

　"혹시 무슨 일 있었나요?"

　벌렁코 씨가 용기 내어 묻자, 구조 대원 아저씨가 그 이유를 말해
주었어요.

　"아기 고라니를 엄마처럼 보살펴 주던 고라니, 기억하시나요?"

　그 고라니라면 벌렁코 씨도 잘 알고 있었어요.
구조 센터에 들를 때마다 아기 고라니를 품에 안고 있던
고라니였지요.

　"일주일 전에 치료를 끝내고 숲으로 돌려보냈는데,
오늘 죽어서 돌아왔어요."

　"하, 치료해서 숲으로 돌려보낸 동물이 죽어서 돌아오다니!"

벌렁코 씨는 할 말을 잃었어요. 그리고 아기 고라니가 다시
다칠까 봐 너무 걱정이 되었지요.

"다시는 차 가까이에 오면 안 돼. 알았지?"

벌렁코 씨는 물끄러미 바라보는 아기 고라니의 눈을 보며
몇 번이나 신신당부했어요. 아기 고라니는 몇 번이나 뒤를
돌아보더니 마침내 숲을 향해 걸음을 옮겼지요.

벌렁코 씨는 사람들이 앞으로 더욱 주의를 기울여야 한다고
생각했어요.

"주의 표지판들을 그동안 내가 무시하며 살았던 것 같아.
사고가 나면 누군가의 생명을 해칠 수도 있는 정말 끔찍한 일인데.
앞으로 주의 표지판을 보면 진짜진짜 조심할 거야. 속도를 줄이고
사고가 나지 않도록 주의해서 운전할 거야."

벌렁코 씨는 숲으로 돌아가는
아기 고라니를 바라보며 속으로
굳게 다짐했어요.

앞으로 주의 표지판을 보면
진짜 진짜 조심할거야!

야생동물주의
야생동물이 도로로
자주 뛰어들어요.

낙석도로
돌이 떨어질 수도
있으니 조심히 운전해요.

미끄러운 도로
도로가 미끄러우니
운전에 주의해요.

터널
조금만 가면 터널이
나와요.

철길건널목
철길건널목이 있으니
일단 멈추는 게 좋아요.

노면 고르지 못함
도로의 바닥이
울퉁불퉁해요.

도로폭 좁아짐
도로의 폭이 좁아지는
곳이니 주의하세요.

과속방지턱
과속방지턱이 있으니
속도를 줄여요.

고인 물 튐
물이 쉽게 고이는 곳이니
주의해서 운전해요.

도로에 야생 동물이 뛰어다녀요

　야생동물주의 표지가 있는 곳에는 야생 동물이 도로에 자주 나타나는데, 주의해서 운전하지 않다가는 그만 야생 동물을 차로 치고 말지요. 보통 차에 치인 동물들은 그 자리에서 죽고 만답니다. 이것을 '로드킬'이라고 부르지요.

　로드킬은 밤에 특히 많이 발생하는데, 야생 동물들이 불빛을 보고 뛰어들기 때문이지요. 따라서 자동차가 많이 다니지 않는 도로라도 반드시 규정 속도를 지키고 주위를 잘 살피면서 운전하세요. 그리고 만약 운전하다가 동물을 발견했다면 속도를 줄이고 헤드라이트를 깜빡이거나 짧게 경적을 눌러 동물들을 쫓는 게 좋아요.

▲ 도로로 뛰어든 고라니

❶ ( ) 안에 들어갈 색깔은 무엇인가요?

> 주의 표지판은 빨간색 테두리 안에 ( )색 바탕으로 표시합니다.

① 파란색　　　　② 초록색　　　　③ 노란색　　　　④ 검정색

❷ 표지를 보고 알맞은 뜻을 찾아 줄로 이으세요.

- ① 터널이 있으니 주의하세요.
- ② 과속방지턱이 있으니 속도를 줄이세요.
- ③ 철길건널목이 있으니 주의하세요.
- ④ 돌이 떨어질 수 있는 도로이니 주의하세요.

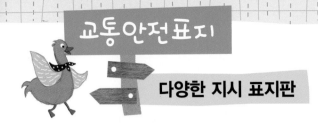

오리 가족의 이사

파릇파릇 새싹이 돋는 포근한 봄이 되었어요. 공원 수풀 속에서

겨울을 난 오리 가족이 강가로 이사를 가기로 했지요.

"엄마, 강까지는 얼마나 멀어요?"

"다섯 개의 파란색 표지판을 지나가면 된단다. 표지판이

나올 때마다 알려 줄 테니 어서 출발하자꾸나.

해지기 전에 강에 도착해야지."

오리 가족은 서둘러 공원을 출발했어요

뒤뚱뒤뚱 한참을 걷다 보니 파란색 표지판 하나가 나타났어요.
엄마가 아기 오리들에게 큰 소리로 말했지요.

"얘들아, 첫 번째 표지판이 나왔다. 저건 어린이보호구역을
나타내는 표지판이야. 어린이보호구역에서는 자동차들이 천천히
달리기 때문에 우리도 안심하고 길을 걸어도 된단다."

"네!"

아기 오리들은 한목소리로 대답하고는 다시 걷기 시작했지요.
뒤뚱뒤뚱 천천히, 그러나 쉼 없이 걸어갔답니다.

어느새 두 번째 표지판이 나왔어요.

엄마 오리가 긴장감이 묻어나는 목소리로 말했어요.

"얘들아, 두 번째 표지판이 나타났구나. 사람들이 도로를 건널 수
있도록 횡단보도의 위치를 알려 주는 표지판이야. 우리도 저기서 길을
건너야 한단다. 신호등에 초록불이 켜지면
차가 멈추었는지 잘 보고 다 같이 길을 건너는 거야.
잘 건널 수 있지?"

"네, 엄마!"

조심히
길을 건너자!

이번에도 아기 오리들은 씩씩하게 대답했어요.

신호등에 서 있던 사람들이 오리 가족을 신기한 듯

쳐다보았어요.

"어머, 오리들이 길을 건너려나 봐."

이윽고 초록불이 켜지고 오리 가족은 횡단보도로 들어섰어요.

뒤뚱뒤뚱 조금 빨리, 조금 더 빨리……

초록불이 깜빡깜빡하다가 빨간불로 바뀌었어요. 그런데

막내 오리가 미처 횡단보도를 다 못 건넜지 뭐예요.

　　다행히 자동차들이 막내 오리가 횡단보도를 다 건널 때까지

기다려 주었답니다. 엄마 오리는 그제야 마음을 놓았지요.

　　오리 가족은 뒤뚱뒤뚱 쉼 없이 강가를 향해 걸었어요.

　　"엄마, 세 번째 표지판은 언제 나와요?"

　　첫째 아기 오리가 물었어요.

　　"조금만 더 가면 된단다."

　　엄마 오리는 커다란 건물 옆으로 난 샛길로 들어섰어요.

샛길을 빠져나오니 시원한 바람이 불어오고, 작은 도로가

나왔어요.

"저기

세 번째

표지판이 보이네.

자전거전용도로라는 표지야. 자전거들이 다니는 도로니까

우리는 옆으로 피해서 가자."

아기 오리들은 조금씩 지치기 시작했어요.

"이제 두 개의 표지판만 지나면 되니까 다들 힘내자.

곧 네 번째 표지판이 나타날 거야."

저만치 앞에 또다시 파란색 표지판이 보였어요.

"저 표지판은 주차장이라는 뜻이란다. 차들이 세워져 있는

곳이니 조심해서 지나가자꾸나."

조금 더 가자 아기 오리들은 걸음을 멈추고 코를 킁킁거렸어요.

조금 습한 바람이 불고, 비릿한 냄새가 났지요.

"킁킁. 엄마, 이게 강 냄새예요?"

"그렇단다. 조금만 더 가면

되니 힘내자."

조금 뒤

둘째 아기 오리가

소리쳤어요.

"엄마, 저기
파란색 표지판이에요!"

"잘 찾았다.
저건 보행자전용도로표지야.
차는 다닐 수 없고 사람만 걸어 다닐 수 있는 곳이란다.
우리가 안심하고 다닐 수 있지. 이제 거의 다 왔구나."

사람만 다닐 수 있어!

보행자전용도로

보행자전용도로 표지판을 지나 낮은 언덕을 올라가자
그 아래로 파란 강물이 쫙 펼쳐져 있었어요.

"와, 강이에요. 엄마!"

아기 오리들은 신나게 언덕을 달려 내려가 강물에 풍덩
뛰어들었어요. 시원한 강물을 마음껏 마시고, 기분 좋게 헤엄도
쳤지요. 엄마는 먹이를 날라다 아기 오리들에게 먹여 주었어요.
드디어 오리 가족의 이사가 무사히 끝났답니다.

첨벙 첨벙

횡단보도
길을 건널 수 있는
곳이에요.

어린이보호구역
어린이보호구역에서는
더욱 조심히 운전해요.

자전거전용도로
자전거만 다닐 수 있는
도로예요.

자동차전용도로
자동차만 다닐 수 있는
도로예요.

주차장
'P'가 쓰여 있고,
자동차를 주차해요.

일방통행
화살표 방향으로만
자동차가 다닐 수 있어요.

유턴
차를 180도를 돌려
반대 차선으로 가요.

우회전
자동차가 오른쪽으로
꺾을 수 있어요.

좌회전
자동차가 왼쪽으로
꺾을 수 있어요.

비보호좌회전이 뭐예요?

주로 교통량이 적은 교차로에서는 '비보호좌회전'을 허용해요. 별도의 좌회전 신호가 없어도 직진 신호를 뜻하는 초록불이 켜지면 왼쪽으로 꺾어 갈 수 있지요.

이때 반대편에서 오는 자동차가 없는지 잘 살핀 뒤 좌회전해야 해요. 또한 빨간불일 때 좌회전하면 절대 안 되니 주의해야 한답니다.

▲ 비보호좌회전 표지

❶ 다음 중 지시 표지판을 나타내는 색깔은 무엇인가요?

① 노란색   ② 파란색   ③ 빨간색   ④ 초록색

❷ 다음 표지를 잘 보고 알맞은 뜻을 찾아 줄로 이으세요.

① [횡단보도]   • ㉠ 자전거전용도로예요.

② [주차 P]   • ㉡ 길을 건너는 횡단보도가 있어요.

③ [자전거]   • ㉢ 어린이보호구역이에요.

④ [어린이보호]   • ㉣ 주차장이에요.

돼지 아줌마, 운전면허를 따다

붕붕 운전학원에 찾아온 첫 손님은 돼지 아줌마였어요.

돼지 아줌마는 엉덩이를 실룩실룩 흔들며 걸걸한 목소리로

외쳤지요.

"도로 운전을 배우러 왔어요. 운전면허 시험에서 세 번이나

떨어졌거든요!"

양 아저씨가 반갑게 돼지 아줌마를 맞이했어요.

"어서 오세요. 저희 붕붕 운전학원이 도와줄게요. 가만있자,

손님에게 딱 맞는 차가 저기 있네요. 저희 학원에서 가장

큰 자동차랍니다."

돼지 아줌마는 자동차 운전석에 앉고, 양 아저씨는

옆자리에 앉았어요.

붕붕 운전학원의 자동차는 옆자리에서도 브레이크를 밟을 수 있도록 특별히 제작되었지요. 위험할 때 양 아저씨가 브레이크를 밟으면 차가 설 수 있게 말이에요.

"옴마야, 떨려라."

운전대를 잡은 돼지 아줌마는 걸걸한 목소리답지 않게 잔뜩 주눅이 든 표정이었어요.

"자, 저를 믿고 마음 편히 차를 출발시켜 보세요. 지금 잘만 배우면, 바로 운전면허를 딸 수 있을 거예요."

양 아저씨는 돼지 아줌마에게 차근차근 친절하게 가르쳐 주었어요.

"도로에는 여러 가지 표지가 있어요. 가운데 있는 노란 선이 중앙선인데, 이쪽 차로와 반대편 차로를 나누는 역할을 하지요. 중앙선은 절대 넘어가면 안 돼요. 반대편에서 오는 차와 부딪쳐서 사고가 날 테니까요. 중앙선은 생명선이에요. 아셨죠?"

"옴마야, 중앙선이 가장 중요하네요."

"맞아요. 하얀색 점선은 차선이라고 해요. 이 차선도 넘어가지 않게끔 잘 맞춰서 운전해야 되지요."

"그럼 맨 끝에 있는 저 파란색
선은 뭐예요?"

"저건 버스전용차선이에요.
버스들만 다니는 차선이에요.
저 앞에서 차를 돌려 보죠.
도로에 유턴 표지가 그려 있죠?"

돼지 아줌마는 표지가 있는 곳에서
차를 돌렸어요.

"아주 잘했어요. 이번에는
횡단보도에 서세요. 정지선 표지가
있는 곳에 서면 돼요."

조금 뒤 학교 앞이라고 쓰여진

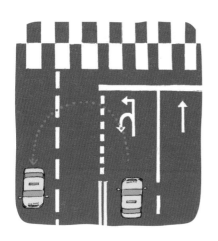

글자가 보였어요.

"여기는 학교 앞이에요. 천천히 주의해서 가야 해요."

그런데 차가 과속방지턱을 지나면서 털썩 했어요. 양 아저씨는 엉덩이가 욱신 아팠지요.

"옴마야, 많이 아프죠? 미안해요."

"괘, 괜찮아요. 앞으론 조심해서 운전하세요."

"네. 그런데 저기 30이라고 쓰여 있는 숫자는 뭐예요?"

"저건 속도제한 표지예요. 최고속도 30을 나타내는 표지니까,

30 속도제한 표지예요. 최고속도 30을 나타내는 표지니까, 30킬로미터 미만으로 천천히 가야 해요.

30킬로미터 미만으로 천천히 가야 해요."

"옴마야, 그렇군요."

도로 운전 연습을 마친 돼지 아줌마는 드디어 도로 주행 시험을
봤어요. 양 아저씨가 알려 준 대로 도로 표지를 잘 봐 가면서
조심조심 운전했지요. 좌회전 표지에서는 좌회전 깜빡이를 켜고
좌회전을 했고, 유턴 표지에서 유턴도 잘 했어요.
횡단보도 정지선에서 정확하게 잘 서고, 어린이보호구역에서는
속도를 더 줄이고 천천히 서행했지요.

"돼지 아줌마! 합격입니다. 축하해요!"

양 아저씨는 돼지 아줌마를 향해
엄지손가락을 치켜 올렸어요.

돼지 아줌마는 기쁜 얼굴로
운전면허증을 받아서
돌아갔답니다.

교통사고를 예방하는 다양한 노면 표지

중앙선
도로 가운데에
노란선으로 표시해요.

차선
차로의 경계를 나타내며
흰색으로 표시해요.

버스전용차선
버스만 다니는 도로로
파란색 선으로 표시해요.

진행방향 표시
직진, 좌 · 우회전 등
진행방향을 나타내요.

횡단보도
사람들이 길을 건너는
곳이에요.

속도제한
쓰여진 속도보다
천천히 가야 해요.

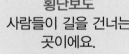

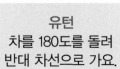

유턴
차를 180도를 돌려
반대 차선으로 가요.

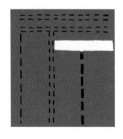

정지선
빨간불일 때 차가
멈추어야 하는 곳이에요.

안전지대
자동차가 들어갈 수
없는 곳이에요.

만약 노면 표지가 없다면……

▲ 노면 표지를 그리는 모습

노면 표지는 회색 아스팔트 위에 눈에 잘 띄도록 노랑, 하양, 파랑 등으로 표시해요. 이처럼 노면 표지가 있어서 우리는 교통사고를 예방하고 안전 운전을 할 수 있어요.

만약 노면 표지가 없다면, 차로의 경계조차 구분이 안 돼서 교통사고가 수도 없이 발생할 거예요.

한편 노면 표지는 도로 위에 그려지는 거라서 자동차가 많이 다니다 보면 닳거나 지워질 수 있답니다. 그래서 적절한 시기마다 보수 공사를 해 주어야 하지요.

1 다음 노면 표지 중 버스전용차선은 어떤 것인가요?

① ② ③ ④

2 다음 노면 표지를 보고 알맞은 뜻을 찾아 줄로 이으세요.

- ① 40킬로미터보다 빨리 달려야 해요.
- ② 40킬로미터로만 달려야 해요.
- ③ 40킬로미터보다 빨리 달리면 안 돼요.
- ④ 속도와 상관없이 달려도 돼요.

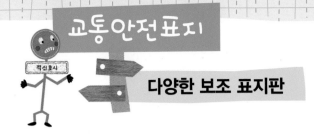
어떤 표지판의 고민

어느 날 척척 고민상담소에 흰색 표지판 하나가 찾아왔어.

"아니, 너는 공원 사거리에 있는 표지판 아니냐?

고민상담소에는 무슨 일로 왔지?"

상담소장님이 물었어.

"저는 왜 다른 표지판 곁에서 보조나 해 줘야 하죠?

저도 주인공이 되고 싶단 말이에요. 빨간색 규제 표지판은 얼마나

멋져요? 노란색 주의 표지판도 사람들의 관심을 끌지요.

파란색 지시 표지판은 어떻고요? 그런 표지판들은 사람들이

아주 중요하게 생각해요. 그런데 전 뭐예요? 다른 표지판이 없으면

혼자서는 있지도 못하잖아요. 늘 주인공 표지판에 가려서

사람들의 관심도 못 받는
보조 표지판이라고요." 
　　표지판이 울상을
지으며 말했어.
　　"저런, 불만이
많구나. 그런데
말이다. 너도 꼭
필요한 표지판이야.
네가 있어야 규제, 주의,
지시 표지판의 내용을 더 잘
이해할 수 있잖니."
　　"저는 색깔도 없잖아요."
　　"흰색이 얼마나 좋은 색인데!"
　　"정말 그렇게 생각하세요?"
　　"그럼. 나는 흰색을 가장 좋아한단다. 네가 없는 사이에
어떤 일이 벌어졌는지 관찰 카메라를 살펴볼까? 네가 얼마나
중요한지 알게 될 거야."
　　상담소장님은 적신호시 보조 표지판에게 관찰 카메라를
보여 주었어.

안개지역

"이봐요. 지금 유턴하면 어떻게 해요?

당신 때문에 사고 날 뻔했잖아요!"

"유턴 표지판 아래에 '적신호시'라고 표시되어 있던

보조 표지판은 도대체 어딜 간 거죠? 그게 없으니

차들이 아무 때나 유턴을 해서 위험하잖아요!"

"이러다가 정말 사고가 크게 날 수도 있겠어요.

당장 보조 표지판을 데려와요!"

적신호시 표지판이 사라지자, 순식간에 공원 사거리는

100m앞부터

갈피를 못 잡는 자동차들로 아수라장이 되었어.

사람들은 교통 경찰관에게 얼른 보조 표지판을

데려오라며 버럭버럭 화를 냈지.

그걸 본 보조 표지판은 머리를 긁적이며 말했어.

"저 같은 건 없어도 될 줄 알았는데……."

차량제한높이
2.1m

"무슨 소리! 이 세상에 필요 없는

것은 존재하지 않는단다.

다 이유와 목적이 있어서 만들어진 거야. 너와 같은

보조 표지판도 이처럼 아주 중요한 역할을 하고 있지."

　상담소장님은 다정하게 말한 뒤 관찰 카메라로

다른 보조 표지판들을 보여 주었어.

　"이 친구들도 보조 표지판인데, 안개 지역이나 날씨를

표시해서 사람들이 조심할 수 있도록 도와준단다."

　관찰 카메라에서 보니, 차량 높이를 제한하거나,

거리와 구역을 알려 주는 보조 표지판들도 보였어.

어린이보호구역의 보조 표지판도 보였지.

　"어린이보호구역에는 주의 표지판이 있는데,

굳이 보조 표지판이 필요한 이유는 뭐죠?"

　"어린이보호구역이 어디부터 시작되는지, 또 몇 시부터

몇 시까지 해당되는지는 주의 표지판만으로는 알 수 없잖니.

그걸 알려 주는 게 바로 보조 표지판의 역할이야."

"아하!"

표지판은 고개를 끄덕였어.

"사람 몸에서 손과 발이 중요한 것만큼 발톱이나 손톱도
몹시 중요한 일을 한단다. 너도 마찬가지란다. 규제 표지판,
주의 표지판, 지시 표지판도 사람들에게 도움을 주지만,
너처럼 보조 표지판도 사람들에게 큰 도움을 주는
표지판들인 건 다 똑같아."

상담소장님의 말씀을 듣고 표지판은 깨달았어. 주인공만 있는
연극은 있을 수 없다는 걸 말이야. 모든 역할이 함께 있어야
비로소 하나의 연극이 만들어지지.

적신호시

표지판은 미안한 표정으로 말했어.

"앞으로는 불만을 갖지 않고, 열심히 사람들에게 표지를
안내할게요. 저와 같은 보조 표지판도 사람들이 표지판을
이해하는 데 큰 도움이 된다는 걸 알았어요."

"고민이 해결됐다니 다행이구나."

상담소장님은 흐뭇하게 웃으며 적신호시 보조 표지판을
따뜻한 손길로 쓰다듬었어.

적신호시 보조 표지판은 상담소장님에게 고맙다고 꾸벅
인사를 하고 문을 나섰어. 그러자 기다리고 있던 표지판들이
들어오며 큰소리로 외쳤지.

"우리도 주인공 표지판이 되고 싶어요!"

바로 견인 지역을 알리는 보조 표지판과 해제를 표시하는
보조 표지판이었어.

'너희도 얼마나 중요한 존재인지 곧 알게 될 거야!'

적신호시 보조 표지판은 빙긋이 웃으며 공원 사거리에 있는
자기 자리로 돌아갔단다.

적신호시

안개지역

견인지역

적신호시
빨간불이 켜졌을 때에만
표지 내용이 해당돼요.

안개지역
안개가 자주 끼는
지역이니 주의해요.

견인지역
이곳에 차를 세워 두면
다른 곳으로 견인해 가요.

어린이 보호구역
=여기부터 100m=
08:00~09:00
12:00~15:00
(휴교일 제외)

해 제

100m 앞부터

어린이보호구역
자세한 일자, 거리 등이
표시되어 있어요.

해제
그전의 규제, 주의, 지시
표지가 해제돼요.

100m 앞부터
100미터 앞부터 규제,
주의, 지시 표지가 시행돼요.

안전속도
30

속도를 줄이시오

안전속도
이곳에서는 안전속도
30킬로미터를 꼭 지켜요.

노면상태
눈과 비가 올 때는 특히
주의해서 운전해요.

속도를 줄이시오
속도를 줄여서
달려야 하는 곳이에요.

어린이보호구역을 꼭 지켜 주세요!

　　어린이보호구역인 스쿨존은 주의 표지, 지시 표지, 노면 표지, 보조 표지 등으로 다양하게 나타내고 있는 만큼 중요한 곳이에요. 언제 어디서든 어린이들이 갑자기 뛰어들 수도 있기 때문에, 어린이보호구역을 다니는 자동차나 오토바이, 자전거 등은 천천히 달리면서 어린이가 다치지 않도록 조심해야 한답니다.

▲ 어린이보호구역(스쿨존)

❶ 다음 중 도로의 노면상태를 나타내는 보조 표지는 무엇인가요?

①
| 안전속도 |
| **30** |

②

③
| 100m 앞부터 |

④
| ○ |
| 해 제 |

❷ 다음 중 견인지역에 해당되는 보조표지는 무엇인가요?

①
| ○ |
| 해 제 |

②
| 속도를 줄이시오 |

③
| 어린이 보호구역 |
| =여기부터100m= |
| 08:00~09:00 |
| 12:00~15:00 |
| (휴교일 제외) |

④
| 견인지역 |

우리 집 주소가 궁금해요

우편배달부 굼굼 씨가 드디어 퇴원했어요. 오늘부터 다시

우편물을 배달하는 일을 할 거예요. 그동안 병원에만 있느라

지겨웠던 굼굼 씨는 설레는 마음을 가득 안고 우체국으로 향했어요.

"나는야, 우편배달부~."

굼굼 씨는 콧노래를 부르며 편지들을 모아 가방에 넣었어요.

그런데 가만, 첫 편지를 손에 든 굼굼 씨는 고개를

갸우뚱거렸어요.

"중앙로 1길?"

굼굼 씨가 처음 보는 주소였어요. 그러자 옆에 있던 토토 씨가

말했어요.

"굼굼 씨가 병원에 입원해 있는 동안 도로명 주소로
바뀌어서 그래요."

"도로명 주소요?"

"네. 도로마다 이름을 붙이고, 건물 순서대로 번호를 붙여서
만들었지요. 오늘은 처음이니까 제가 함께 다니면서 어떻게
배달하면 되는지 알려 줄게요."

굼굼 씨는 토토 씨를 따라나왔어요.

"그런데 주소는 왜 바뀐 거예요?"

"예전에는 주소 찾기가 어려웠잖아요. 같은 건물, 옆집인데도
주소가 크게 달랐으니까요. 이제는 도로명으로 통일되어서
도로명과 건물 번호만 알면 누구나 금세 찾을 수 있어요."

토토 씨는 굼굼 씨가 알기 쉽도록 더 자세히 설명해 주었어요.

"도로마다 이름이 정해져 있는데, 8차로 이상의 큰 길은 '대로',
7차로에서 2차로까지의 길은 '로', 그보다 작은 길은 '길'을 붙여요.
또 도로의 양옆에 있는 건물에도 번호를 붙이는데, 오른쪽 건물은
짝수, 왼쪽 건물은 홀수를 붙여서 찾기 쉽지요."

"우리가 배달해야 하는 편지가 매홀로 77이니까 매홀로의
왼쪽 건물에 있겠군요!"

굼굼 씨와 토토 씨는 매홀로에 이어 수목원로, 청학로, 운천로,

은여울로 등을 다니면서 바쁘게 편지를
배달했어요.

도로명 주소로 배달하니 주소를 쉽게
찾을 수 있어서 편했지요.

편지를 다 배달하고 나서 굼굼 씨는
토토 씨에게 물었어요.

"그런데 토토 씨는 어디에 사세요?"

"운암로 122에 있는 아파트에 살아요. 굼굼 씨는요?"

"아, 저는 도로명 주소를 아직 몰라서……."

"그럼 도로명 주소 안내 홈페이지에서 찾아보세요."

토토 씨의 도움으로 굼굼 씨는 도로명 주소를 찾아보았어요.

"어? 우리 집도 운암로 122라고 나오는데요?"

"혹시 몇 동 몇 호에 사세요?"

"101동 101호요."

"아, 저는 얼마전에 101동 201호로 이사했거든요."

"우리 윗집에 이사 오셨군요. 이웃을 만나다니 정말 반갑네요."

굼굼 씨와 토토 씨는 반갑게 악수를 나누었어요.

그러고는 나란히 운암로 122에 있는 집으로 퇴근했답니다.

 도로명 주소에 대해 알고 싶어요!

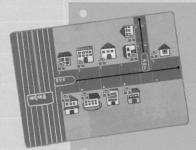

도로명은 어떻게 정해지나요?

도로를 중심으로 건물 순번에 따라 번호를 부여함으로써 누구나 쉽게 찾을 수 있게 한 게 도로명 주소예요. 도로는 대로, 로, 길로 구분하여 이름을 붙여요.

우리 동네 길 이름은 어떻게 지어질까요?

길 이름은 지역의 역사성과 특성 등을 반영하고 주민의 여론을 받아들여서 해당 지방자치단체에서 부여해요.

도로명판은 무엇인가요?

도로가 시작되는 곳과 끝나는 곳 또는 도로가 교차되는 곳에 설치하여 도로의 이름과 방향을 알려 주는 거예요.

건물 벽이나 대문 등에 붙어 있는 번호판은 뭔가요?

집 찾기에 편리하도록 만든 것으로 건물 번호판이라고 해요. 진입 도로를 중심으로 건물마다 왼쪽에는 홀수 번호를 오른쪽에는 짝수 번호를 순차적으로 부여해요.

길 이름은 우리 골목의 자랑이에요

길 이름을 지어 주니까 훨씬 친근한 느낌이 들어요. 우리 동네의 옛 이름이나 의미를 생각해서 신중하게 짓기 때문에 내가 사는 곳에 남다른 자부심이 생기지요.

도로명 주소로 집 찾기 편해요!

도로명을 바꿀 수도 있나요?

시·군·구청장은 도로명 변경 신청을 받거나 도로명 변경이 필요하다고 인정되는 경우에 도로명주소심의위원회의 심의와 해당 주민의 1/2 이상의 동의를 얻어 도로명을 변경할 수 있어요. 다만, 도로명은 주소의 안정적 사용을 위해 고시된 날로부터 3년 이내에는 변경할 수 없답니다.

▲ 도로명 주소 안내 홈페이지

우리 집 도로명 주소는 어떻게 확인할 수 있나요?

도로명 주소는 시, 군, 구청의 도로명 주소 부서, 읍면동의 주민센터, 도로명 주소 안내 홈페이지(www.juso.go.kr)를 통해 확인할 수 있어요.

바다에도 표지가 있어요!

방학을 맞아 수민이네 가족은
해양박물관으로 여행을 떠났어요.

"수민아, 아빠의 어릴 때 꿈이 뭐였는지
아니? 바로 배의 주인이 되는 거였어."

"선장?"

"아~니. 무시무시한 해적!"

아빠가 짓궂게 웃으며 눈을 치켜떴어요.
덥수룩한 수염에 눈까지 부릅뜨니
정말 해적처럼 보였어요.

수민이는 해적과 싸우는 멋진 선장이

되는 게 꿈인데 말이에요.

수민이는 살며시 눈을 감고 해적이 된 아빠와 싸우는
상상을 해 봤어요. 아빠는 간지럼에 약하니까 실컷 간지럼을
태우면 그만이에요.

"항복! 항복!"

해적이 된 아빠가 항복하는 모습을 떠올리자, 수민이는
큭큭 웃음이 나왔어요.

해양박물관에 도착하자 입구에 초록색과 빨간색 부표가
보였어요.

"아빠, 저거 부표 맞죠? 책에서 봤어요!"

"응. 항로를 표시하는 등부표로구나. 좌현등부표와 우현등부표야."

그때 잠에서 깬 지민이가 말했어요.

127

"부표가 뭐야, 언니?"

"그건 바다에 있는 표지를 말하는 거야."

수민이는 동생 지민이에게 알은체를 했어요.

그러자 아빠가 더 자세하게 지민이에게 알려 주었어요.

"바다에도 길을 알려 주는 표지가 있단다. 그걸 항로 표지라고

하지. 항로 표지에는 여러 가지가 있는데, 등대처럼 밤에

불빛으로 안내하는 표지도 있고, 부표처럼 낮에 색깔과 모양으로

안내하는 표지도 있지."

"와, 바다에도 표지가 있어요? 신기하다!"

수민이네 가족이 탄 자동차는 마치 항로를 지나가듯이

좌현등부표와 우현등부표 사이를 지나 안으로 들어갔어요.

수민이네 가족은 먼저 어린이 박물관에 들렀어요.

어린이 박물관은 남극 펭귄이 집으로 돌아가는 과정을

따라가며 바다 환경에 대해 알 수 있도록 꾸며 있었어요.

바다 이야기 속으로 풍덩, 우리 바다 삼형제, 어기 영차

밀물 썰물, 옹기종기 항만 투어, 뚜벅뚜벅 해양 탐사,

콩닥콩닥 심해 등 볼거리와 체험할 것이 아주 많았지요.

수민이네 가족은 어린이 박물관에서 나와 수족관으로

갔어요. 수족관에는 깊은 바닷속에서 사는 물고기들이

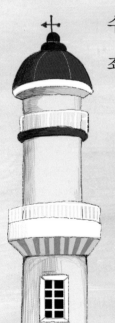

많았어요. 큰 수족관을 지나 밖으로 나오니 연못처럼 생긴 곳에
물고기들을 만져 볼 수 있는 체험관도 있었어요.

"이제 아빠가 좋아하는 항해 선박 전시실로 가 볼까?"

여러 가지 배의 모형이 전시되어 있는 것을 보고
수민이는 신이 났어요. 수민이도 멋진 배를 타고 마음껏
바다를 항해하고 싶어졌지요.

수민이는 해양 문화, 해양 산업, 해양 과학, 해양체험실을
차례로 돌며 배에 대해 많은 것을 배우고 체험했어요.
항로 표지에 대해서도 더 자세히 알게 되었지요.

해양박물관을 나와 수민이네 가족은 바닷가를 찾았어요.
저만치 등대가 보이자 지민이가 소리쳤어요.

"아빠, 저기 등대예요! 등대도 항로 표지죠?"

"그래. 표지에 관심 많은 지민이가 항로 표지도 금방 배웠구나.
그러다가 표지 박사가 되겠는걸?"

아빠가 껄껄껄 웃었어요.

저 등대가
항로 표지지.

뚜우

29

바다에서 볼 수 있는 항로 표지

항로 표지의 종류

광파 표지

밤에 불빛을 사용하여 그 위치를 표시해 주는 항로 표지예요. 등대, 등표 등이 있어요.

형상 표지

낮에 모양과 색을 사용하여 그 위치를 표시해 주는 항로 표지예요. 부표, 입표 등이 있어요.

음파 표지

안개가 끼거나 비, 눈이 내려서 앞이 잘 안 보일 때 소리를 내서 그 위치를 표시해 주는 항로 표지예요. 에어 사이렌, 모터 사이렌 등이 있어요.

전파 표지

전파를 이용하여 그 위치를 표시해 주는 항로 표지예요. 레이더 비콘, DGPS 등이 있어요.

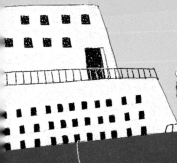

최초의 등대, 파로스

옛날 지중해 사람들은 선원들을 인도할 수 있는 거대한 기념물을 항구에 세웠어요. 하지만 사람들은 곧 그러한 거대한 기념물이 항해에 큰 도움이 되지 않는다는 사실을 알았어요. 배들이 낮에만 도착하는 것은 아니기 때문이지요. 그래서 밤에도 항구의 위치를 알 수 있도록 만든 것이 기원전 280년경에 만든 파로스예요.

파로스는 오늘날의 등대처럼 가늘고 둥근 모습이 아니라 거대한 빌딩처럼 지어졌어요. 그리고 그 안에는 300개가 넘는 방도 있었어요.

파로스는 1375년 삼각주를 휩쓴 엄청난 대지진으로 흔적도 없이 사라져 버렸는데, 20세기에 들어서면서 독일의 고고학자들에 의해 발견되었지요.

그리 크지 않던 섬에 그렇게 웅장한 등대를 세운 이유는 무엇인지, 무엇을 사용하여 밝은 빛을 낼 수 있었는지, 또 등대의 건물에 왜 방이 그렇게 많았는지 신기한 일이 아닐 수 없답니다.

▲ 파로스 등대

표지판 퀴즈

❶ 낮에 색깔과 모양으로 안전한 항로를 안내하기 위해 바다 위에 설치하는 표지는 무엇인가요?

① 부표　　② 등대　　③ 음파 표지　　④ 전파 표지

❷ 밤에 불빛으로 선박을 안내하는 표지는 무엇인가요?

① 부표　　② 등대　　③ 음파 표지　　④ 전파 표지

세계의 별난 표지판들

오늘은 내 생일이에요. 그리고 내가 손꼽아 기다리고 기다리던 삼촌이 돌아오는 날이기도 하지요.

친구들과 생일파티를 하고 있는 동안에도 나는 힐끔힐끔 현관문을 쳐다보았어요. 삼촌이 언제 오나 싶어서요.

철컥!

"지영아!"

"삼촌!"

나는 한달음에 달려가 삼촌에게 와락 안겼어요. 일 년 동안 세계 배낭여행을 다녀온 삼촌은 얼굴도 검게 타고, 수염도 기르고, 몸도 더 튼튼해진 것 같았어요.

나와 친구들은 삼촌이 찍어 온 동영상과 사진을 구경했어요.

"삼촌, 이건 뭐야?"

나는 이상하게 생긴 표지판을 보고 말했어요.

"응. 여행 중에 특이한 표지판들이 보이길래 찍어 둔 거야.

가만있자. 특이한 표지판들이 더 있었는데?"

삼촌은 표지판들을 찾아서 보여 주었어요.

"이것 봐. 베네치아의 집에 그려진 표지판들이야. 웃기지?"

삼촌이 보여 준 건 방귀 금지 표지판이었어요. 친구들도 모두

재밌다며 깔깔거리고 웃었지요.

삼촌은 표지판 덕분에 여행할 때 큰 도움이 되었다고 말했어요.

"낯선 곳이라도 표지판을 보면 이해가 되니까 한결 마음이

편했지. 우리나라와 비슷하게 생긴 표지판이 많기도 했고, 다르게

생긴 표지판도 곰곰 살펴보면 쉽게 이해되는 표지판들이었거든."

삼촌이 보여 준 동영상에는 사람들이 직접 표지판을 들고 있는

모습도 보였어요. 그런데 하나같이 휠체어에 앉아 있거나

한쪽 팔다리를 잃은 모습이라 깜짝 놀랐지요.

"이 사람들은 모두 교통사고를 당했던 사람들이야. 사람들에게

교통사고에 대한 경각심을 일깨워 주려고 자신들이 직접 표지판이

되어 캠페인을 벌이는 거야."

"아!"

우리는 고개를 끄덕였어요. 이걸 본 사람들은 모두 교통안전을

잘 지킬 수밖에 없을 것 같았어요.

"어? 이 사진은 뭐야? 외계인이 있네?"

"그건 화장실 표지판인데 재미있지?"

"꼭 미래에서 온 표지판 같아. 외계인용 화장실 표지판."

그러자 삼촌이 재밌다는 듯 눈을 빛내며 말했어요.

"그러게. 앞으로 미래에 나올 표지판에는 어떤 것들이 있을까?"

친구들도 호기심 어린 얼굴로 너도나도 한마디씩 했어요.

"우주선 정거장 표지판요."

"저는 로봇보관소나 로봇충전소 표지판이 생길 것 같아요."

"로봇 전용 도로 표지도요."

"외계인이나 로봇 출입 금지 표지판도 나오지 않을까요? 사람들만 들어갈 수 있도록요."

아이들은 모두 신나서 자기가 생각한 미래의 표지판들을 얘기했어요.

"참 재밌구나. 정말 머지않아 그런 표지판들이 생길지도 모르지."

삼촌은 아이들의 말을 듣고 무척 흥미로워했어요.

나와 친구들은 저녁시간이 가까워지도록 삼촌의 배낭여행 이야기를 듣느라 시간 가는 줄 몰랐어요. 삼촌은 계속 하품을 하면서도 우리와 함께 끝까지 놀아 주었지요. 이러니 내가 어떻게 삼촌을 좋아하지 않을 수 있겠어요?

로봇 안내원
미래에는 사람 대신
로봇이 모든 걸 안내해요.

우주선 정거장
미래에는 우주선을 타고
다닐 거예요.

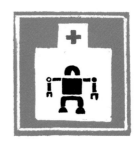

로봇 병원
미래에는 로봇을 위한
병원도 필요해요.

무인차량 전용도로
미래에는 운전하는
사람이 따로 필요없어요.

외계인 로봇 출입금지
외계인과 로봇은 들어갈
수 없는 곳이에요.

수소자동차 충전소
미래의 자동차 연료인
수소를 충전하는 곳이에요.

공중택시 정류장
미래에는 택시가
하늘을 날아다닐 거예요.

우주생물 반입금지
우주생물을 데리고
들어갈 수 없는 곳이에요.

인공강우지역
인공비가 내리는 곳이니
주의해요.

세계의 다양한 표지판

▲ 야생동물주의 표지판

▲ 노상방뇨금지 표지판

표지판은 나라마다 조금씩 달라요. 하지만 공통점은 한눈에 어떤 뜻인지 유추해 낼 수 있다는 거예요.

위의 표지판을 한번 살펴보세요. 야생 동물이 쉽게 나타나는 곳이니 조심하라는 표지판이에요. 아래의 표지판은 길에서 용변을 보면 안 된다는 뜻의 표지판이고요.

어때요? 그림만 보고도 어떤 내용이 담겨 있는 표지판인지 쉽게 알 수 있지요?

표지판 퀴즈

❶ 미래에는 어떤 표지판이 등장할까요? 상상하여 그려 보세요.

그림으로 표시하는 다양한 픽토그램

픽토그램을 만드는
눈코뜰새없는 고모

오늘은 엄마 아빠와 함께 휴양림에 놀러 가기로 한 날이에요.

"훈아, 오늘은 고모도 오실 거야."

"눈코뜰새없는 고모요?"

훈이는 지금껏 고모를 만난 게 열 손가락에도 안 꼽힐 만큼

적었어요. 고모가 눈 코 뜰 새 없이 바빴기 때문이지요.

그래서 고모 별명이 '눈코뜰새없는 고모'가 된 거예요.

훈이 가족은 휴양림 주차장에서 고모를 만났어요.

"훈아, 우리 훈이가 벌써 이렇게 컸어?"

고모가 훈이의 머리를 마구 쓰다듬었지요.

훈이는 쑥스럽고 어색해서 애꿎은 엄마 치마만 잡아끌었답니다.

"엄마, 저기 그림 좀 봐요.
빨간 동그라미에 줄로 찍 그은 그림!
그 안에 개가 있어요!"

"응. 저 그림은 애완동물을 데려오면
안 된다는 뜻이야."

"왜 그림으로 그려 놓은 거예요?"

"글자로 쓰는 것보다 저렇게 그림으로
표시해 놓으면 누구나 금세 알아볼 수 있잖아."

"그럼 저건 뭐예요? 나무랑 천막이
그려져 있어요!"

훈이의 질문에 이번엔 고모가 대답했어요.

"저건 야영장을 가리키는 거야. 밖에서 텐트를 치고
잠을 잘 수 있다는 뜻이지. 훈아, 저렇게 글씨 없이

그림으로 표시한 것을 바로 픽토그램이라고 해."

"픽토그램?"

"그래, 픽토그램. 스포츠 경기에도 저마다 상징하는
그림이 다르잖아. 저번 올림픽 때 봤지?"

이번에는 아빠가 대답했어요.

훈이는 아빠와 함께 경기장에 다니며 보았던 그림들을
떠올렸어요.

"아, 픽토그램이라고 하는구나. 그런데 왜 어떤 픽토그램은
동그랗고, 어떤 픽토그램은 네모고, 모양이 다 달라요?"

고모가 훈이에게 하나씩 친절하게 설명해 주었어요.

"뜻에 따라 다르게 쓰는 거란다. 일반적인 안내 표지는 끝 부분이 둥근 네모 모양이야. 저기 보이는 야영장 표지나 스포츠를 상징하는 그림처럼 색깔도 대부분 검은색 바탕에 흰 그림을 쓰지. 하지 말라는 금지 표지는 아까 애완동물 출입금지처럼 빨간 동그라미 테두리에 줄을 긋고, 비상구처럼 안전을 유도하는 표지들은 초록색을 쓴단다. 또 조심하라는 경고나 주의 표지는 노란색 바탕에 검은 테두리로 된 삼각형을 쓰고 말이지. 이런 픽토그램은 세계적으로 공통된 걸 사용한단다. 외국인도 쉽게 알 수 있게."

"그럼, 외국에도 저것과 똑같은 픽토그램이 있는 거예요?"

"그렇단다. 말이 안 통하는 곳에서도 누구나 쉽게 알아보라고 만든 거니까. 픽토그램이 있어서 사람들이 보다 안전하고 편하게 생활할 수 있는 거지."

고모가 친절하게 대답했어요.

"그런데 픽토그램은 누가 만들어요? 외국 사람들이 만드는 거예요?"

"국제표준화기구라는 곳이 있어. 그곳에서 나라마다 만들어 온 픽토그램을 보고 가장 우수한 걸 뽑는 거야. 그렇게 해서 뽑힌 우리나라 픽토그램이 32개나 된단다."

고모가 뿌듯한 표정을 지으며 말했어요.

"사실은 이 고모도 픽토그램 만드는 일을 한단다."

"와, 정말요? 고모가 픽토그램을 만든다고요?"

"물론 혼자서 하는 건 아니지. 팀이 함께 만들어 낸단다. 그렇게 만든 픽토그램이 뽑히면 아주 자랑스럽지."

"픽토그램 만드는 거 어렵지 않아요?"

"어렵지. 사람들이 알기 쉽게 그림 언어로 나타내기 위해서 많이 고민하고 노력해야 하거든. 특히 픽토그램은 쉽게 알아볼 수 있어야 하고, 멀리서도 눈에 잘 띄어야 하며, 보기에도 아름다워야 해서 더욱 만들기 어렵지."

훈이가 픽토그램에 관심을 가지자 고모는 숙소에 들어가서 컴퓨터를 보여 주었어요. 컴퓨터에는 수많은 픽토그램이 들어 있었어요.

"우아, 픽토그램이 어마어마하게 많아요!"

훈이가 수많은 픽토그램을 보며 감탄했어요.

"우리나라에는 400개가 넘는 국가 표준 픽토그램이 있단다. 이걸 사람들에게 알려서 널리 이용되게 하는 것이 나의 가장 큰 바람이란다."

훈이는 '눈코뜰새없는 고모'가 왜 그렇게 바쁜지 알 것 같았어요.

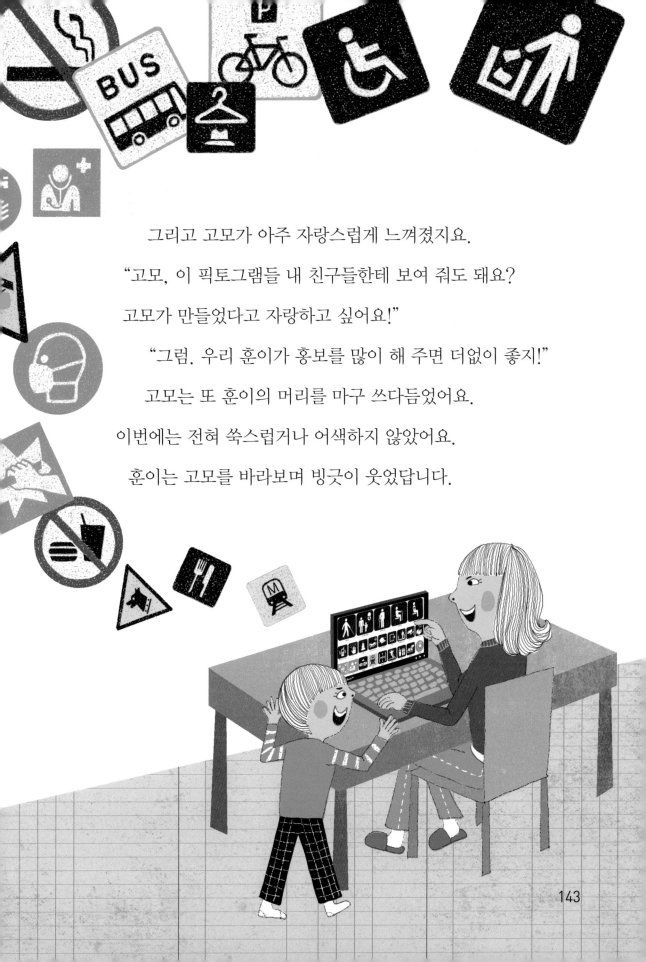

그리고 고모가 아주 자랑스럽게 느껴졌지요.

"고모, 이 픽토그램들 내 친구들한테 보여 줘도 돼요?

고모가 만들었다고 자랑하고 싶어요!"

"그럼. 우리 훈이가 홍보를 많이 해 주면 더없이 좋지!"

고모는 또 훈이의 머리를 마구 쓰다듬었어요.

이번에는 전혀 쑥스럽거나 어색하지 않았어요.

훈이는 고모를 바라보며 빙긋이 웃었답니다.

야영
이곳에서 야영을
해도 돼요.

병원
병원을 나타내는
픽토그램이에요.

옷 보관소
옷을 보관할 수 있는
곳이에요.

애완동물 출입금지
애완동물을 데리고 오면
안 돼요.

밀지 마시오
밀면 안 된다는 뜻의
픽토그램이에요.

인화물질경고
불에 쉽게 타는 물질이
있으니 조심해요.

마스크
이곳에서는 마스크를
써야 해요.

비상시 깨고 여시오
화재 등의 비상시에
깨고 열어서 탈출해요.

의사
의사를 나타내는
픽토그램이에요.

픽토그램이 뭐예요?

픽토그램은 그림(picture)과 전보(telegram)라는 단어가 합쳐져서 만들어진 말이에요.

검정색 픽토그램은 일반 사항 및 공공시설물 안내, 빨

▲ 다양한 픽토그램

간색에 대각선으로 줄을 그은 픽토그램은 금지, 파랑은 지시, 노랑은 주의 및 경고, 초록은 안전·피난·위생·구호, 빨강은 소방·긴급·고도 위험 등을 나타낸답니다.

표지판 퀴즈

❶ 다음 중 병원을 나타내는 픽토그램은 무엇인가요?

① 　② 　③ 　④

❷ 다음 중 불에 쉽게 타는 물질이 있으니 조심하라는 뜻의 픽토그램은 무엇인가요?

① 　② 　③ 　④